山小屋の主人《オヤジ》がガイドする

北岳を歩く

写真・文―中西俊明

山と溪谷社

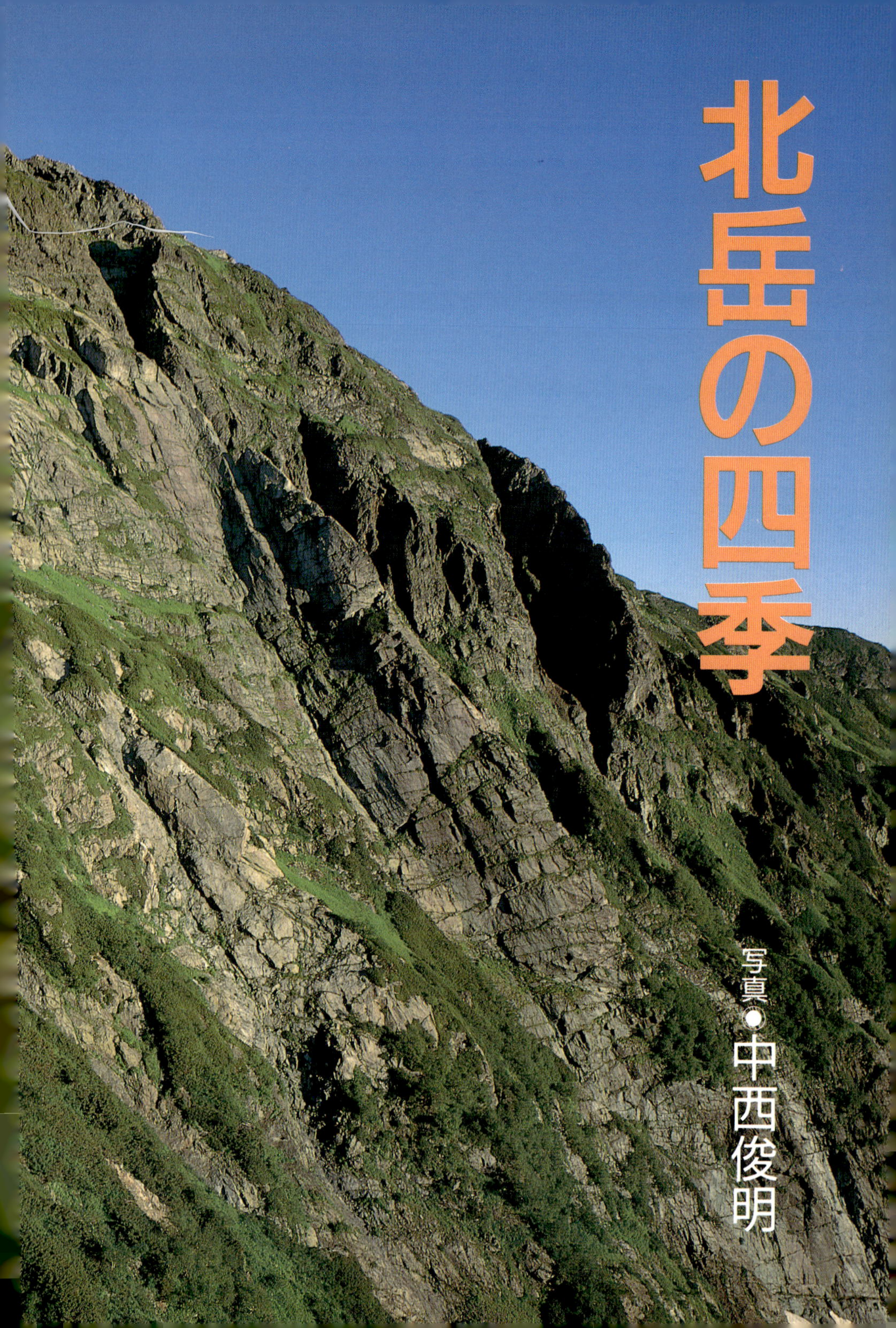

北岳の四季

写真●中西俊明

池山吊尾根、八本歯ノ頭から望む盛夏の北岳

大樺沢上部から北岳バットレスを望む

大樺沢右俣コースのお花畑。シナノキンバイの群落

初夏の小太郎尾根はハクサンイチゲ、オヤマノエンドウが咲き乱れる

鳳凰三山の盟主・観音岳から望む初秋の甲斐駒ガ岳

ウラジロナナカマドの鮮やかな秋の彩り。大樺沢右俣コースにて

小太郎尾根から望む春の仙丈ガ岳

北岳を歩く

北岳周辺詳細図

この地図は、国土地理院発行の５万分ノ１地形図、韮崎、鰍沢、身延、市野瀬、大河原を使用、調整したものです。範囲は本書で紹介する北岳の各コースを中心に、東西24㌔、南北30㌔の範囲を収録しています。

本書の縮尺で、地図上の１㌢を実際の距離に直すと1100㍍になります。また、灰色の実線の曲線で描かれているのは等高線です。このうち、太実線は標高差250㍍おき、細実線は50㍍おきに描かれています。このほかの線分や記号については下記の凡例を参照してください。なお、地名については、各山岳名、小屋名、地点名をできるだけ多く収録するようにしていますが、煩雑さを避けるため、本文に出てくる地名でも、一部省略しているものもあります。より詳しくは、本文中の概念図を参照してください。

●凡例●

紹介するコース
その他の登山道
車道もしくは林道
ケーブル
川、谷、沢
営業山小屋
無人小屋、避難小屋
キャンプ場
水　場
山頂の位置
顕著な山頂以外のピーク、岩峰
コル、鞍部
橋、桟道

本文掲載の地図は、国土地理院発行の２万5000図「長坂上条」「鳳凰山」「夜叉神峠」「奈良田」「甲斐駒ケ岳」「仙丈ケ岳」「間ノ岳」「塩見岳」「市野瀬」「鹿塩」「信濃大河原」を調整したものである。

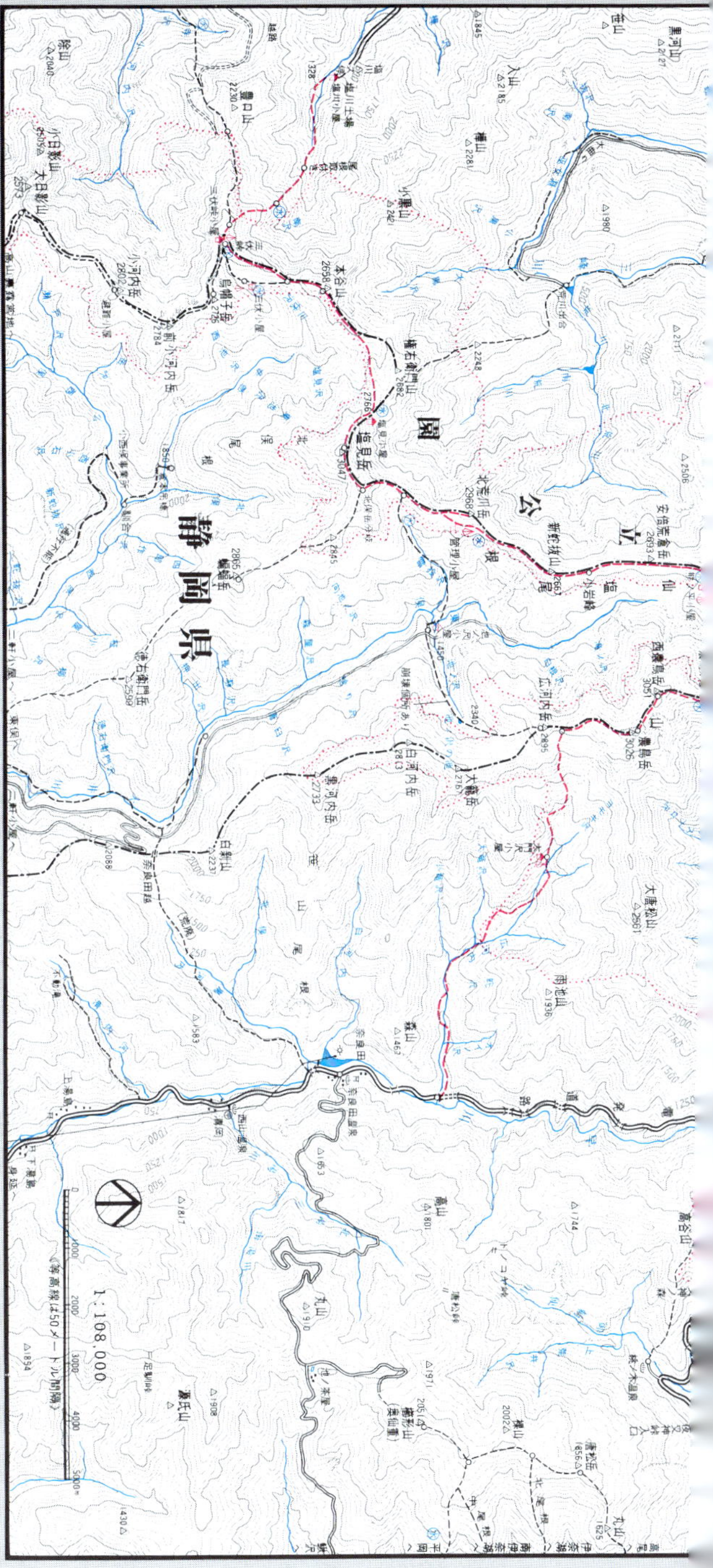

北岳を歩く——目次

PART 3

素朴な自然が豊富に残された北岳を知るための情報とデータ

●コラム

●概念図

〈夏山〉

〈秋山〉

北岳周辺の花カタログ

キタダケソウ　南アルプスの北岳だけに咲く特産種。残雪が消えた山頂付近の南東斜面に6月下旬に白色で直径2㌢の花を付ける多年草。

白系統の花

イワウメ　高山帯の岩壁や砂礫地によく見られる常緑小低木。小さな丸い葉が密生し、梅のような白い花がビッシリ咲く。

シコタンソウ　色丹草と書く。乾いた岩場に生え、茎は細く、分枝して地表に広がる。花弁には紅と黄の斑点がある。

ハハコヨモギ　岩場や砂礫地を好む多年草。南アルプスや中央アルプスに多く見られる。頭花は密集して上向きに付く。

タカネツメクサ　乾いた砂礫地や岩場を好む。甲斐駒ガ岳にも多く咲いている。多年草で高さ5〜6㌢。白い花をビッシリと付ける。

キバナシャクナゲ　ハイマツ帯や岩場などに群落する。雪解けとともに淡い黄白色の大きな花を咲かせる。7月上旬に咲き始める。

赤系統の花

ハクサンチドリ　高山帯の草地に多く見られる。葉を3〜5枚ほど付ける。花は鮮やかな紅紫色で、総状に数個咲かせる。花弁の先は鋭い。

クルマユリ　高さが1㍍にも達する多年草。花は直径6㌢ほどの朱赤色でひときわ目立つ。雪田のまわりに群落を見せる。花期は7〜8月。

ミヤマクロユリ　亜高山や高山帯の草地に生え、茎の先に1〜2個の花を付ける。花は暗紫褐色で、やや下向きに咲く。北岳や仙丈ガ岳に多い。

タカネビランジ　鳳凰三山に咲く花で、直径3㌢ほどの大きさ。花の色は紅紫色で上向きに花を咲かせる。

シロバナタカネビランジ　花の色は淡いピンク色。花はやや大きく砂礫地に咲く。南アルプスで多く見られる。

ハクサンフウロ　フウロソウ科で茎は20〜50㌢まで成長し、紅紫色の美しい花を咲かせる。花弁は5枚あり、花期は7月。

アオノツガザクラ　青の栂桜と書く常緑小低木で、雪田付近の草地や砂礫地に群落をつくる。スズランのような白い花を下向きに付ける。

ハクサンイチゲ　高山帯の草地に大群落を見せる。キンポウゲ科の白い花で、高山植物の代表格である。

ミネウスユキソウ　頭花は花茎の先に数個付ける。乾燥した草地や砂礫地に生える多年草で、北岳周辺にも多い。高さは10㌢ぐらいになる。

トウヤクリンドウ　高山帯の風衝地や草地に咲き、花は淡黄色で緑色の斑点とすじがある。根を薬用にするところから当薬の名がある。

ウラジロナナカマド　7月初旬に白い花を咲かせ、秋には赤い実を付ける。紅葉になると真っ赤に色付き、秋の主役を演じる。

サンカヨウ　残雪が消えた斜面にすぐに咲く花。花は1～2㌢の白色で多くの花が集まって咲く。花期は5～7月上旬。実は黒紫色になる。

ミヤマシシウド　高山帯や亜高山帯の草地に生える多年草。高さが1㍍にも達し、豪快に咲く。複散形花序は大型で、10～20㌢にもなる。

チングルマ　バラ科の落葉小低木で、雪田周辺の砂礫地に群落する。花は白く2㌢ほどの大きさ。秋になると花柱が飛び散る。

ヤナギラン　山火事跡や伐採跡などに群落する多年草。濃紅紫色の花を咲かせる。高さ1～1・5㍍に達し、枝分かれせずストレートに伸びる。

コイワカガミ　ハイマツの林縁などに生える常緑の多年草。淡紅色から紅色の花が横から下向きに1～5個まとまって咲く。

アカバナシモツケソウ　高山帯の林縁や草地に生える背が高い多年草。花は5～8㍉と小さく紅色を帯びて散房状に咲く。花期は7～8月。

ヨツバシオガマ　高山帯の広葉草原に咲く多年草。花は紅紫色で茎の上部に3～5段に輪生する。

ヤマホタルブクロ　山地から亜高山帯の草地に生え、60㌢ほどの背丈になる。花はくすんだ紅紫色で下向きに咲く。

ミヤマシオガマ　高山帯の草地に生え、高さ10㌢ほどになる。花は鮮やかな紅紫色でかたまって咲く。

黄系統の花

シナノキンバイ　高山植物の代表格で草原に大群落する。花は直径4㌢ほどの橙黄色で鮮やかに咲く。北岳や仙丈ガ岳周辺で多く見かける。

イワベンケイ　高山帯の風当たりが強い岩礫地に見られる。雌雄異株の多年草。雄株の花弁は黄緑色で長さ3㍉ほどの線形をしている。

カイタカラコウ　亜高山帯の湿った草地に生える。花茎は30〜60㌢ほどで無毛。花茎の先に3㌢ほどの黄色の頭花を5〜10個付ける。

シナノキンバイとミヤマキンバイのお花畑　北岳草すべり上部草原にお花畑が広がり、7月下旬には一面黄一色に彩られる。

紫系統の花

アヤメ　亜高山帯に咲き、櫛形山のアヤメ平に大群落する。7月中旬に青紫色の大きな花を付ける。

ソバナ　亜高山帯のやや湿った草地に咲く多年草。茎は直立し、先端に数個の花を付ける。青紫色の花は鐘形で先が5裂している。

ミソガワソウ　湿った草地に生える。木曽川支流の味噌川に生えることから、味噌川草と呼ばれている。花柱は花冠よりも少し長い。

オヤマノエンドウ　高山帯の砂礫地に生え、残雪が消えた南斜面でまっ先に咲く。花は紅紫色で白い斑紋がある。花期は6月下旬。

タカネマツムシソウ　草地や砂礫地を好む。秋の気配が漂ってくると咲き始める。茎は20〜30㌢で4㌢ほどの青紫色の花を付ける。

ミヤマコウゾリナ　高さ40㌢ほどの背丈に成長する。茎葉は数枚、濃黄色の頭花が寄りそうように咲く。花期は7〜8月。

ヤマガラシ　亜高山帯の渓流沿いの湿ったところに生える。20㌢ほどの背丈で茎の先に黄色の花が20個ほど集って咲く。

ウサギギク　兎菊と書く、高山の草地に生える多年草。花茎の先に直径4㌢ほどの頭花を1つ付ける。小仙丈尾根に多い。

ヤツガタケタンポポ　南アルプスやハガ岳の草地に生える多年草。頭花は黄色で3㌢前後で葉は鋭い鋸歯状になっている。

タカネニガナ　高山帯の岩場に生える多年草。頭花が大きく色も鮮やか。舌状花は9個前後。群落せずに岩陰に静かに咲いている。

イワオトギリ　高山帯の砂礫地に生える。高さ20㌢ほどで2㌢ほどのやや小さめの花を付ける。葉のふちには黒点、黒線がある。

ミヤマキンバイ　草地や雪田の周辺に群落する。花は黄色で直径2㌢ほどの大きさ。花弁は5枚あり、先端が少しへこんでいる。

キバナノコマノツメ　高山帯の湿った岩陰に咲く小さい多年草。茎葉は2〜3個つき、先はまるい。黄色い花を1つ付ける。

ミヤママンネングサ　高山帯の岩場に生える多年草で、地をはうように分枝する。花は鮮やかな黄色で、集散状にかたまって咲く。

ミヤマオダマキ　高山帯の砂礫地に生える多年草。花は青紫色で下向きに咲き3㌢ほどの大きさ。花弁の先端は白い。

ホソバトリカブト　南アルプス、中央アルプスの高山帯の草地に生える。葉は3つに分れ、濃青紫色の花を先端に付ける。

ミヤマハナシノブ　北岳周辺の亜高山帯に生える多年草。茎は50〜80㌢になり、淡青紫色の花を散房状に付ける。7月中旬〜8月上旬に咲く。

ミヤマシャジン　キキョウ科でヒメシャジンの変種。青紫色の花を付ける。葉はやや細く鋸歯がある。北岳山頂周辺で見られる。

チシマギキョウ　砂礫地や岩場に生える。花冠は大きく長い毛が見られる。青紫色の花を横向きに付ける。

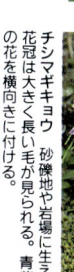

駒津峰から望む初夏の甲斐駒ガ岳

はじめにかえて——北岳を歩くために

●北岳の概念

北岳、甲斐駒ガ岳、仙丈ガ岳は南アルプスの北部に位置する3000㍍の高峰である。おおらかで雄大な山々が連なる南アルプスは森林限界が高く、うっそうとした原生林に支配されている。昼間でもうす暗く、冷気が漂う山域が数多く残された神秘的な部分が南アルプスの特徴であろう。このような南アルプスの中にあって、北部のビッグ3は登山口までの交通、山小屋、登山道などの整備が進み、入山しやすい環境が整っているところだ。とくに登山口となる広河原や北沢峠には、登山者以外の観光客も多く、シーズン中はにぎわっている。しかし登山道に一歩踏み込むと、登山口の喧騒から開放され、素朴な自然を楽しみながら静かな山歩きが期待できよう。早川尾根や仙塩尾根、小太郎山などが静かな山域の代表格である。

3192㍍の北岳は南アルプスの盟主であるとともに日本第2の高峰である。残雪が消えた尾根路や山腹のお花畑は高山植物が咲き乱れるところだ。とくに北岳山頂周辺には固有種が多く、日本を代表する高山植物の宝庫になっている。北岳から間ノ岳、農鳥岳へと連なる3000㍍の主稜は白峰三山縦走コースとして南アルプスでピカ一の人気コースだ。また、北岳バットレスは南アルプスでは数少ない岩場のひとつである。

甲斐駒ガ岳は山容が美しく、どの方向から眺めてもピラミダルな山容がすばらしい。山全体が明るい花崗岩で形成されているため、南アルプスでは目立つ存在の山である。古くは信仰の山として黒戸尾根から登られたが、今日では北沢峠をベースに登られている。北沢峠を境に甲斐駒ガ岳と対峙する仙丈ガ岳は女性的な優美な山容を誇っている。初夏の馬ノ背にはクロユリ、キバナシャクナゲが咲き、花の山旅が楽しめるところだ。

夜叉神峠から地蔵岳へと連なる山塊が鳳凰三山と呼ばれ、白峰三山の眺望や自然が織りなす日本庭園が魅力のコースだ。

大樺沢右俣コースのお花畑

上：草すべりの斜面を下る
右：広河原のアルペンプラザと広河原行きのバス

●北岳の四季

初夏―白銀に覆われていた3000メートルの尾根路が陽光や梅雨の影響で山肌を見せはじめると、新緑前線が山麓から山腹を一気にかけ登る。広河原周辺の林床に清楚な花を開いていたニリンソウは散り、カツラが新緑を濃く染めはじめるのもこのころだ。残雪が消えた斜面にはシロバナエンレイソウ、サンカヨウが可憐な花を咲かせ、ダケカンバやナナカマドの芽吹きが初夏の訪れを告げているようだ。

夏――主だった登山道から雪が消え、キタダケソウが北岳南東斜面に咲きはじめる。続いて、キバナシャクナゲ、オヤマノエンドウ、ハクサンイチゲなどがみずみずしい花を見せてくれよう。山肌の残雪模様が少なくなると、太平洋高気圧が日本列島を覆い梅雨明けになる。空には雄大な積乱雲が湧き、夏本番を迎える。尾根路には彩り美しい高山植物が咲き、ライチョウが遊び、白峰三山や甲斐駒ガ岳、仙丈ガ岳の主稜には登山者がどっと繰り出す。7月下旬から8月上旬が夏山登山の最盛期、稜線上の山小屋が一時的に混雑するときだ。8月下旬になると登山者は少なく静かな山歩きが楽しめる。

秋――9月の声を聞くと山々は秋の準備をはじめる。山肌の色どりが緑から黄へと変化し、朝晩の冷え込みが急に厳しくなる。連日雨を降らせていた秋霖が、移動性高気圧にのみ込まれると秋本番だ。大樺沢や馬ノ背、甲斐駒ガ岳のダケカンバが黄葉し、夜叉神峠のカラマツが黄金色に染まり美しい。紅葉は時期が短く限られているので稜線上の山小屋は夏山以上に混雑する。

初冬―11月上旬になると山々の頂稜は新雪が舞い、厳しい冬を迎える。夜叉神峠や鳳凰三山から眺める白峰三山や甲斐駒ガ岳の冬景色は美しい。

●北岳の宿泊

北岳、甲斐駒ガ岳、仙丈ガ岳を中心とした山小屋の営業期間は登山口と稜線では異なっている。夏山シーズン中はすべての山小屋は営業しているが、7月中旬以前と9月以降は事前に確認をして利用をしよう。夏山シーズン中の週末、紅葉の時期はいずれの山小屋も混雑が予想される。とくに北岳山荘、馬ノ背ヒュッテ、北沢峠付近の小屋は混雑することが多い。南アルプス北部の山小屋は食事、寝具付きで利用できる。

草すべりから見下す白根御池

晩秋の小太郎尾根を行く

大樺沢二俣から眺める北岳バットレス

また売店ではビール、ジュース類を販売しているので便利だ。山小屋の施設、設備などは北アルプスと異なり、個室などは整っていない。

北岳の交通

北岳の登山口は広河原が中心である。また、甲斐駒ガ岳と仙丈ガ岳の登山口は北沢峠が中心になっている。鳳凰三山は夜叉神峠登山口から登られている。

広河原…甲府駅から山梨交通バスが運行され、夏山シーズン中は臨時便も多く便利である。広河原には駐車場が設置されているのでマイカー利用も問題がない。

北沢峠…一般車は入れない。山梨県側は芦安村営バスが広河原より、長野県側は長谷村営バスが戸台口より運行される。いずれも1日4便とあまり多くはない。

北岳を歩くために

北岳・甲斐駒ガ岳、仙丈ガ岳は3000㍍の山である。山のスケールが大きく、山麓と稜線では気温差があり、充分な装備が要求されるところだ。低山ハイキングをするつもりで軽装で入山すると危険だ。北岳は初夏のころ、大樺沢に残雪が多く、初心者が登るには危険があるので、梅雨が明けてから入山するようにしよう。また、紅葉のころ、3000㍍の稜線は一晩にして冬山へと急変することがあるので、雪に対する準備を整えてから登るようにしたい。甲斐駒ガ岳は花崗岩の山であり、岩場や砂礫の斜面でスリップしないように軽登山靴以上のしっかりした靴が望ましい。いずれの山も天候の急変などが当たり前と考えて、それに対処できる装備と心構えをもって南アルプスのすばらしさを満喫していただきたい。本書で紹介したコースは技術的に難しい箇所はないが、アップダウンや標高差が大きく、それなりの体力は必要である。また、大樺沢上部では落石の危険があり、入山前に正しい情報を入手して、充分注意して登ろう。

本書では夏山と秋山を中心に一般登山者を対象にコースを選び、紹介してある。

また、技術度、体力度、日程などを総合的に判断して、季節ごとに各コースのグレードを3段階に分け、★～★★★マークで表示している。さらに脚注ではコース上の注意点を◆、参考事項を❈、ビューポイントを●で示した。なお、日程中の1泊は山中を基準としている。

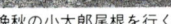

PART1

夏山

アルペンムードに満ちた絶頂からの展望と、みずみずしい花を楽しむ

白峰三山／塩見岳／甲斐駒ガ岳／仙丈ガ岳／早川尾根／鳳凰三山

夏山の基礎知識

初夏の尾根路には彩り鮮やかな花々が競演。蒼天を突く花崗岩のピラミッドは雄大な夏雲とマッチして絶景を展開してくれる。

❖北岳の夏

北岳南東斜面のお花畑から眺める間ノ岳と農鳥岳

大樺沢二俣は絶好の休憩地。初夏には水も豊富だ

●夏山の魅力

6月下旬、残雪が消えた北岳山頂のお花畑には、キタダケソウが清楚な花を咲かせる。大樺沢の林床にサンカヨウ、エンレイソウがみずみずしい花を付けるのもこのころである。ダケカンバやヒロハカツラの新緑が北岳バットレスや池山吊尾根の斜面をかけ上り、稜線を目指す光景が眺められるのも6月下旬である。7月上旬から中旬にかけて仙丈ガ岳や北岳の稜線では、キバナシャクナゲやオヤマノエンドウ、ハクサンイチゲが咲きはじめ、花の山旅が楽しめるベストシーズンだ。

梅雨が明けるとともに本格的な夏山シーズンが訪れる。花崗岩の山頂が夏の日差しに輝き、おおらかな尾根路に登山者がドッと押し寄せ、山頂や山小屋がにぎわいを見せてくる。原生林の尾根路からアルペンムードに満ちた岩稜へとスケールの大きな縦走が楽しめるひと時だ。

8月下旬になると、高山植物が消え、山肌の彩りが緑から黄へと変わり、秋の光景へと徐々に変化してくる。

●夏山の気象と注意点

夏山が開幕する7月上旬は梅雨の最盛期。このころの山行は梅雨の晴れ間や梅雨前線の活動が弱まったときをねらって山行を計画しよう。梅雨が明ける直前は大雨が降ることがあるので注意したい。

梅雨明け10日間は晴天が続くと言われる。このときをねらって山行を計画するとすばらしい夏山が楽しめる。天候が安定した南アルプスでも、北岳や甲斐駒ガ岳は午後になるとガスが湧き見通しが悪くなる。8月に入ると積乱雲が湧き、午後遅くなると雷雨に見舞われる可能性が高くなるので、小屋に早く到着するようにしたい。大気が不安定になると午前中でも雷雨が発生するので、このようなときは行動をしないようにする。真夏でも稜線上で雨に濡れると体力を奪われるので、雨具などの準備は万全を期したい。夏でも台風等が上陸することがあるので、長期間縦走するときには週間天気予報などで情報を入手しておきたい。

夏山の装備

上：中白峰へはハイマツのプロムナードを歩く

左：ピンクの色が鮮やかなミヤマシオガマ

下：三伏峠のお花畑からの塩見岳

●夏山を歩く服装

天候に恵まれたときの稜線歩きは、ショートパンツとTシャツが爽快で歩きやすい服装だ。ただし、朝・夕や雨が降ったときのことを考えて、長ズボンと長袖シャツは必ず持参するように。また、セーターなどの防寒具、雨具、ウィンドヤッケなどは絶対に忘れないように準備したい。縦走する場合には着替えなども用意しておくと、汗や雨で濡れたときに着替えができるのでありがたい。夏の直射日光を遮ぎるために、日除けの帽子やタオルなども必要である。

●登山靴とザック

岩稜や雪渓、沢沿いの登山道など変化に富んだコースを歩くので、しっかりした軽登山靴が必要になる。数日間の縦走で荷物が重くなるときは靴もガッチリした登山靴が有効である。運動靴をはいている人を見かけるが、スリップしたり、足首をひねりやすいので、軽登山靴よりしっかりしたものをはくようにしよう。ザックは日帰りの場合、20リットルぐらいでよい。2～3日の縦走では30～40リットルのザックが必要になる。

●その他の用具

初夏のころ、大樺沢コースを登降するには軽アイゼン、ストックが必要だ。高山植物を楽しむためには高山植物の図鑑を持ちたい。ガスコンロを持参すれば、昼食に暖かい飲み物が簡単にできるので便利だ。

プランニング

●山小屋利用の場合

山小屋には午後2時ぐらいまでに到着するようにスケジュールを組む。このためには出発は早発ちが基本である。南アルプスの場合、山小屋に個室などはなく、すべて相部屋になるので、自分の荷物はきちんとまとめて指定した場所に整理しておく。夕食や朝食は小屋に到着した順に食べることになる。早朝出発の場合は朝食を弁当として前日に作ってもらうとよい。消灯時間を守り、他人に迷惑をかけないようにする。

●テント山行の場合

テントを張る場合は、必ず指定された場所で、山小屋に届けを提出してから張るように。南アルプスではテントを利用する登山者が多いので、マナーを守っていつまでもきれいなテント場であるように各自が心がけたい。

野呂川の吊橋を渡って北岳を目指す

1 白根御池〜北岳〜大樺沢右俣

原生林コースから絶頂に立ち、可憐な高山植物を楽しみながら下る

★★

第1日／広河原(3時間)白根御池(3時間30分)北岳肩ノ小屋
第2日／北岳肩ノ小屋(30分)北岳(20分)北岳肩ノ小屋(1時間50分)大樺沢二俣(1時間30分)広河原

日程＝1泊2日
歩行距離＝第1日／6キロ
第2日／11・5キロ
歩行時間＝第1日／6時間30分
第2日／4時間10分

5万図＝韮崎・市野瀬・大河原、2万5000図＝鳳凰山・仙丈ヶ岳・間ノ岳

3192メートルの北《きた》岳は富士山に次ぐ日本第2の高峰である。夏遅くまで残る雪渓、お花畑を彩る高山植物、山頂からの大パノラマ、アルペンムード漂う岩壁など、見どころには不自由しない魅力的な山だ。交通、山小屋、登山道などもよく整備されている。登頂コースは、原生林の急登から白根《しらね》御《お》池《いけ》を経て北岳に立ち、下山は右俣コースを通って高山植物を楽しむ2日間のポピュラーなコースである。

第1日 甲府駅前のバスターミナルから広《ひろ》河原《がわら》行きのバスに乗る[*1]。2時間ほど揺られ、アルペンプラザ前の大樺沢で下車する。未明に到着したときは明るくなるのを待って出発したい。車止めのゲートを越え、北沢《きたざわ》峠方面へ進む。左前方にはモルゲンロートに輝く北岳がすばらしい眺めだ。野呂《のろ》川橋を渡り広河原山荘の前に出る。山荘の右奥が広河原のキャンプ指定地で、7月下旬から8月中旬にはファミリーや若者の姿が多い。

広河原山荘から本格的な登山道に入る。樹林帯を抜け、枝沢を横切った地点に大樺《おおかんば》沢《さわ》二俣《ふたまた》と白根御池の分岐が現れる[*2]。大部分の登山者は大樺沢沿いに直進する。白根御池へは指導標に導かれて、右手のうっそうとした原生林へと入る。白根御池まではウラジロモミ、コメツガ、オオシラビソなど

★山小屋主人のコース・メモ①

白根御池小屋
森本富盛

白根御池コースは落石の心配がなく安心して登れます。草すべりは色とりどりの高山植物が咲き、楽しみながら歩けるコースです。ただし、直射日光をまともに受けるので、帽子は忘れずに。白根御池周辺にはナナカマドが多く、6月下旬から7月中旬にかけて清楚な花を咲かせます。東京を早朝出発して白根御池に1泊すれば、疲れることなくゆっくり楽しめるでしょう。最近では、ここから北岳をピストンする人も多いようです。新しい小屋は断熱材が入っているので、10月でもストーブが不要なほど暖かいです。

❖＊1　山梨交通バスは広河原付近で3箇所のバス停がある。最初のバス停がアルペンプラザ前の「大樺沢」。北岳、白鳳峠、北沢峠などに登る人はここで下車する。また、北沢峠行きの芦安村営バスはアルペンプラザの裏手が乗り場になっている。次のバス停が駐車場付近の「広河原」、終点が「広河原ロッジ」である。甲府駅行きのバスに乗るときは広河原ロッジ前が始発になる。アルペンプラザには売店やトイレがある。登山届はここか、広河

草すべりの斜面から白根御池を見下ろす。苦しい急登が連続するところ

の原生林の中の急登が連続する。木の根が張り出ているため、足もとに注意を払いゆっくり登ろう。展望は期待できないが、山深い静かな雰囲気が肌で感じられるところだ。ときどき、休憩に適した平坦地が現れるので小休止ができる。登山道に腰をおろして休んでいても登山者が少ないので安心だ。

いく度か原生林の中の急登[*3]を繰り返すと、傾斜が緩くなる。やがて、左へ山腹をトラバースするように進んでいく。この付近まで登ると体も慣れて、自分のペースがつかめるだろう。崩れた沢は上端を慎重に通過する。樹林が疎になると、鋭い三角形をした白根御池小屋の前に出る。モダンな木造りで、南アルプスの中では目立つ存在の立派な小屋である。

小屋の横を進むと、白根御池が姿を現す。見上げると新緑のダケカンバ越しに北岳が堂々とした山容を見せてくれよう。白根御池周辺は絶好のキャンプ指定地[*4]で、夏山シ

上：草すべり上部のお花畑をたどる　右：小太郎尾根分岐

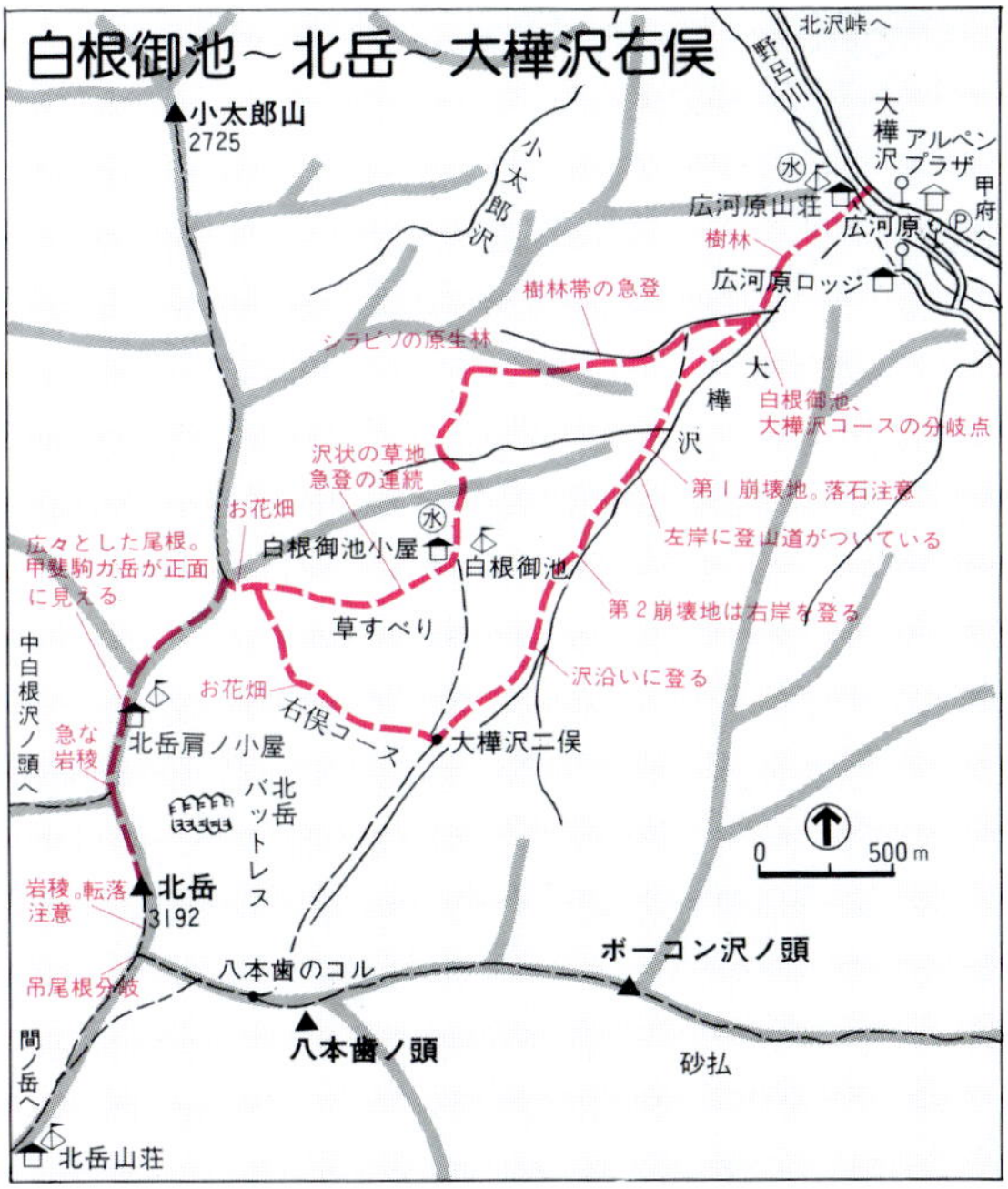

原山荘で必ず提出しよう。大樺沢上部の落石などの情報も入手できる。

◆＊2　うっそうとした原生林の中の急登が連続するコース。マイペースで登れば、あまり疲れることなく高度をかせぐことができる。落石などの心配がなく、降雨時でも白根御池までは安心して登れる。ただし、足もとは露岩や木の根が張り出ているため、注意を払って登りたい。

●＊3　整然としたシラビソの樹林が美しく、静かな原生林の景色を楽しみながら登れる。

ーズン中はカラフルなテントがいつも張られている。白根御池は水溜りのような小さな池だが、登山者にとってはオアシスのような存在だ。この先、小太郎《こたろう》尾根に出るまでは3時間ほどの頑張りが強いられる。

ダケカンバに囲まれた沢状の急斜面を登りはじめる。タカネグンナイフウロ、ミヤマハナシノブ、シナノキンバイなどの美しい高山植物に迎えられ、苦しい急登を忘れられるほどだ。草すべりの上部にまで高度をかせぐと、樹相[*5]が黒木の常緑樹からダケカンバへと変化する。後方には鳳凰《ほうおう》三山が、左前方には北岳バットレスが望め、アルペンムードでいっぱいだ。ダケカンバの間をジグザグに登ると小太郎尾根の稜線が手の届く距離に近づいてくる。ダケカンバ帯を抜け出るまでが第1日目で最も苦しい地点だ。

大樺沢右俣からの登山道が左から合流し、シナノキンバイの密度が濃くなったお花畑[*6]をゆっくり登ると小太郎尾根に出る。甲斐《かい》

鳳凰三山を背景になだらかな小太郎尾根を歩く

小太郎尾根の岩場は慎重に登りたい

◆小太郎山往復

北岳肩ノ小屋から広々としたハイマツの尾根を北に下る。甲斐駒ガ岳、仙丈ガ岳を眺めながらの稜線散策が楽しめるコースだ。白根御池方面へ下る道を右に見送る。岩混じりの斜面を緩くたどり、岩峰の西斜面を歩く。踏跡が不明瞭な部分もあるので、尾根からあまり下らずに樹林帯へと入る。この付近はハイマツの枝が張り出しているので歩きにくいところだ。やがて登山道は尾根の東寄りにトレースされ、ダケカンバや立ち枯木の間をしばらく進む。

小岩峰に立ち、北岳方面を見ると、あまり見かけない三角形のピークが新鮮だ。ヤセ尾根をたどり、背の高いハイマツをくぐり抜けると、小太郎山に到着する。北岳肩ノ小屋から約2時間の行程。2725《メートル》から見わたす北岳、甲斐駒ガ岳、仙丈ガ岳がすばらしい。緑濃いおおらかな山容が実に南アルプス的だ。復路は時間的には大差なく歩けるだろう。

小太郎山からは甲斐駒ガ岳と早川尾根の眺めがすばらしい

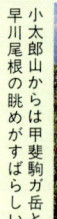

上：夏の尾根歩きは実に気持ちがよい。北岳肩ノ小屋手前のテント場にて

左：北岳肩ノ小屋から望む夕暮れの仙丈ガ岳が美しい

小太郎尾根上部のお花畑と北岳

駒《こま》ガ岳と仙丈《せんじょう》ガ岳が初めて顔を見せ、感激の瞬間である。ハイマツに覆れた高山帯を吹き抜ける涼風が実にさわやかだ。苦しい急登から開放されたあとだけに、眺望を楽しみながらゆっくり休みたい。小太郎尾根分岐点から北岳肩ノ小屋までは、急な岩場が1箇所あるのみで30分ほどの行程だ。ハイマツ帯の登山道は平坦で歩きやすい。午後になると大樺沢側からガスが湧き、運がよければブロッケン[*7]を見ることができる。岩場を乗越した尾根の西斜面には7月初旬、ハクサンイチゲ、オヤマノエンドウなどが一面に咲き乱れる。

北岳肩ノ小屋は山頂直下３０００メートルの平坦地に立っている。小屋の前に立つと、鳳凰三山、甲斐駒ガ岳、仙丈ガ岳が一望[*8]できるところだ。北岳肩ノ小屋は、夏山シーズン中では梅雨あけ１週間のピーク時以外は

★山小屋主人のコース・メモ②

北岳肩ノ小屋
森本　茂

うっそうとした樹林帯に南アルプスのよさが残っているコース。草すべりのお花畑も魅力ですが、小太郎尾根に出たときのさわやかな涼風と山々の光景がすばらしいです。小太郎山は静かで北岳の眺めがよいので訪れるとよいでしょう。小屋からは、30分足らずで北岳山頂に立てます。小屋の前は広いので、夕暮れ時にはアーベントロートに染まる山々を眺めるのに絶好の場所。池山吊尾根越しに富士山も眺められます。夏山シーズン中も梅雨あけ１週間の時期を除けば、さほど混雑しないのでゆっくり休めます。

❖＊４　白根御池周辺は学生を中心とした登山者のテントが張られ、いつもにぎわっている。水が豊富に流れているため、何の不自由もなく、白根御池をベースに北岳に登る登山者も多い。下山時に大樺沢二俣から白根御池に戻るようにコースを組むと、必要最小限の荷物で登れ、スピーディに行動できる。

❖＊５　標高差１００メートルで気温が０・６度C変化する。この気温の違いにより生育する植物分布が異なるのが垂直分布だ。１５００メートル

岩ガレの急登を一歩一歩登って北岳山頂を目指す

比較的混雑することが少なく、ゆっくりと休むことができる。山小屋には午後の早い時刻に到着するようにしよう。

第2日　北岳肩ノ小屋からは、鳳凰三山越しに荘厳な御来光が眺められる。夏でも早朝は冷え込むので、防寒具はしっかりと身に付けたほうがよいだろう。北岳山頂までは190㍍ほどの標高差だ。小屋をあとに[*9]急斜面を越えると両俣小屋への分岐が現れる。岩かげにはイワベンケイ、シコタンソウが可憐に咲いている。やや緩くなった岩道を登れば待望の北岳山頂だ。

3192㍍の山頂は南北に細長く、意外と広々としている。間《あい》ノ岳、農鳥《のうとり》岳、富士山、中央アルプスなどが実にすばらしい。東側はバットレスの岩場で大樺沢まで鋭く切れ落ちている。時間の許す限りゆっくりとしたいところだ。

(広河原)付近の低山帯ではカツラ、カラマツに混じってコメツガ、ウラジロモミなどの亜高山帯の常緑針葉樹が多くなりはじめる。また、亜高山帯でも2300㍍から2600㍍にかけてはダケカンバが目立つようになる。2600㍍以上の高山帯では、ハイマツ、コケモモなどが厳しい環境に耐えている光景が展開する。

●＊6　草すべりから小太郎尾根東斜面はお花畑が広がっている。草すべりは高茎植物が多く、シナノキンバイ、イブキトラノオが目

北岳周辺のお花畑

北岳山頂から北岳山荘にかけての東斜面は花の密度が濃く、特産種が多く見られるところ。6月下旬からのキタダケソウに始まり、ハクサンイチゲ、キンロバイなどが8月下旬まで咲き乱れる。

草すべりから小太郎尾根は、シナノキンバイやイブキトラノオなどの高茎植物が主体で、尾根では、7月上旬にハクサンイチゲの大群落が見られる。八本歯のコル周辺にはミヤマクロユリ、ミヤマシオガマなどが群生する。

下：7月上旬、小太郎尾根ではハクサンイチゲが咲く
左：北岳山頂付近に咲くハハコヨモギ

上：北岳山頂はすばらしい大パノラマを眺める登山者でいつもにぎわっている。時間が許す限り眺望をゆっくりと楽しみたい。背後に甲斐駒ガ岳と八ガ岳連峰が顔を見せている
右：小太郎尾根分岐から草すべりに入り、右俣コースに足を踏み入れると美しいシナノキンバイと北岳バットレスの姿が見られる
下：北岳山頂から小太郎尾根へ。北岳肩ノ小屋と甲斐駒ガ岳を眺めながらのんびりと下ろう。小屋の前は広々とした平坦地になっていて、仙丈ガ岳、鳳凰三山の景観もすばらしい

につく。雪どけ直後の斜面にはサンカヨウ、ショウジョウバカマ、エンレイソウが咲きはじめ、7月下旬になると、シナノキンバイなど黄色系統の花が多くなる。

❖＊7　ブロッケンは太陽を自分の背にして、正面の霧や雲をスクリーン代わりに自分の姿が映り、頭部を中心に虹の輪が現れる現象。午後の小太郎尾根ではときどき発生する。

●＊8　北岳肩ノ小屋の前は広々としている。東から西方面の眺望が期待でき、甲斐駒ガ岳、仙丈ガ岳、鳳凰三山、富士山、中央アルプスの

山頂で絶景を充分に楽しんだら北岳肩ノ小屋に戻る。岩稜を進みのんびりと歩く。正面には、花崗岩が残雪の様に輝く甲斐駒ガ岳が整った美しさを見せてくれる。足もとに北岳肩ノ小屋を望みつつ、岩ザレの急下降を慎重に下る。

北岳肩ノ小屋を出ると、歩きやすい稜線上の道が続く。7月上旬は西斜面がハクサンイチゲで埋り、しばし見とれるほどだ。小太郎尾根先端のピークが小太郎山。時間を見つけて立ち寄りたいピークである。

小太郎尾根分岐から草すべり方面に下り、すぐに右俣[*10]コースへと入る。北岳バットレスを斜から望みながらダケカンバ帯を下る。

大樺沢二俣をあとに広河原へと下る。大樺沢の残雪も8月中旬になると消えてしまう

シナノキンバイ、イブキトラノオが涼風に揺れる広々としたお花畑は、感激するほどすばらしい[*11]。この付近は、7月上旬にダケカンバの新緑が残雪に映え、みごとな光景を見せる。

大樺沢二俣で小休止をしたら左岸沿いに広河原へと下る。途中の崩壊地は右に渡って通過しよう。大樺沢二俣から広河原までは急下降もなく、ゆっくりと歩けるコースだ。

山々がすばらしい。午後遅くなると、斜光から残照に刻々と変化する光景がドラマチックだ。とくに甲斐駒ガ岳、仙丈ガ岳は持参のカメラで忘れずにねらいたい被写体である。

◆＊9　小屋を出発すると、岩場の急登が待っている。トレースはしっかり付けられているが滑りやすいところがあるので慎重に登りたい。急な岩場は登りよりも下降の方が危険である。日の出を北岳山頂で迎えようとする人は暗い時刻に登ることになるので、トレースから外れないようにしよう。

◆＊10　右俣コースの下りは白根御池コースよりも傾斜が緩く、下りが苦手な人に向いている。眺望がすばらしく、お花畑も次々に現れる楽しみなコースだ。

●＊11　大樺沢二俣付近の新緑は、6月下旬から7月上旬がベストシーズンだ。この時期は登山者が少なく、花と新緑が同時に楽しめるときである。

2 八本歯のコル〜北岳〜白根御池

荒々しいバットレスと高山植物の宝庫を訪ねる北岳周遊コース

★★

第1日／広河原(2時間30分)大樺沢二俣(2時間)八本歯のコル(1時間10分)北岳山荘
第2日／北岳山荘(1時間20分)北岳(20分)北岳肩ノ小屋(1時間50分)白根御池(1時間40分)広河原

日程＝1泊2日
歩行距離＝第1日／10キロ　第2日／7キロ
歩行時間＝第1日／5時間40分　第2日／5時間10分

5万図＝韮崎・市野瀬・大河原、2万5000図＝鳳凰山・仙丈ヶ岳・間ノ岳

北《きた》岳への登頂コースはいく通りもあるが、ここでは最も登られている大樺沢《おおかんば》コースを紹介しよう。アルペン的なバットレス、可憐に咲く高山植物、初夏の大樺沢の雪渓をはじめとした山頂からの景観がすばらしい。2日間で北岳の魅力が満喫できるため、人気のコースになっている。ただし、大樺沢上部はバットレスからの落石があるので、正確な情報を入手し、充分に注意して登りたい。下山は白根御池《しらねおいけ》から広河原《ひろがわら》に戻る。

第1日　北岳の登山口である広河原までは甲府駅から山梨交通バスで2時間ほどだ。

初夏の大樺沢二俣には残雪が豊富に残っている

八本歯沢の源頭から小尾根へ。新緑のころが美しい

★山小屋主人のコース・メモ①

広河原山荘
塩沢久仙

北岳は高山植物が多く、7月上旬から花が楽しめます。とくに北岳山頂から間ノ岳にかけての東斜面には特産種が見られます。梅雨があけると土日に登山者が集中しているのが現状です。ゆっくり泊まるために週末を避けて計画するとよいでしょう。大樺沢上部は落石が心配されているので、事前に必ず現地に問合わせて大樺沢の落石情報を入手して下さい。年により雪の状況が異なるので、充分な注意をお願いします。広河原は早く出発して、北岳山荘には午後の早い時刻に到着するようにして下さい。

◆＊1　登山届は、アルペンプラザか広河原山荘などで必ず提出するように。

◆＊2　アルペンプラザまたは広河原山荘で情報を入手し、もし落石の危険が高いときには大樺沢右俣コースか、白根御池コースから登ろう。

◆＊3　第2の崩壊地は左岸の山腹が大きく崩れている。降雨直後など地盤が緩んでいるときにはとくに危険なところだ。最近は右岸に巻道ができたので、必ず巻道を通るように。

上：大樺沢コースは高度をかせぐにつれて、荒々しい北岳バットレスが迫力を増す
右：八本歯のコルから少し登ると木のハシゴが現れる
下：池山吊尾根には北岳山荘へのトラバース道が分岐

❖＊4　大樺沢二俣は右俣との合流地点で、各方面の分岐点でもある。右に戻るように進むと白根御池方面、右俣沿いに直登すると右俣コースから北岳肩ノ小屋方面だ。またここは、北岳バットレスが正面から眺められ、絶好の撮影地。初夏には豊富な残雪とダケカンバの新緑がポイントだ。光線状態がよい早朝に、微妙に変化する雲を上手に取り入れたい。

■落石の注意

落石には充分注意して通過しよう

大樺沢上部はバットレスからの落石が時々発生し、死傷者が出ている危険地帯だ。Cガリー大滝の落口には不安定な岩塊が堆積。大樺沢二俣から上部を通過する場合は、アルペンプラザなどで最新の情報を入手した上、危険な場合には通らないようにしたい。大樺沢二俣から20分ほど登ると危険地帯に突入する。とくに、右前方に注意を払い、落石の音が聞こえたら早急にコースから離れるように。また、落石の危険地帯は短時間で通過するように心がける。初夏に雪渓上を歩くときは、落石の音が聞こえないので、とくに気をつけなくてはならない。

北岳山荘から北岳を目指す。小岩峰を越えると徐々に険しくなる

人数さえまとまればタクシーを利用してもよい。アルペンプラザ前の大樺沢バス停で下車し、朝の斜光で輝く北岳を眺めながら林道を歩く。野呂《のろ》川に架けられた吊橋を渡ると広河原山荘の前に出る。朝食を軽くとるときは広河原山荘付近がよい。[*1]登山届を提出し、大樺沢上部の[*2]落石情報を入手して出発だ。

樹林の間を登り、大樺沢沿いの登山道へと導かれる。大樺沢コースは広葉樹林が多く、6月下旬から7月上旬の新緑のころがとくに美しい。小さな沢を渡って樹林帯の中で白根御池コースを右に見送り、沢沿いの緩い登山道をたどる。大樺沢コースは、前半の二俣までは後半の急登に備えてのトレーニングの気分で登れる。初夏には雪解け水も加わって水流が激しく、夏の暑さも忘れるほどだ。山肌が崩壊した第1のガレ場は、落石に注意して素早く通過しよう。白根御池付近を源頭にした枝沢を横切ると、対岸に美しい沢が望める。思わず小休止したくなる地点だ。

やがて[*3]第2の崩壊地が現れる。この崩壊地は規模が大きく、対岸（右岸）に渡って通過する。左岸に戻り、灌木の間を登る。

■雪渓の歩き方

大樺沢二俣から上部には、7月下旬まで雪渓が残っている。初心者が雪渓を登下降するときは軽アイゼン（4本爪）を使用した方が安全だ。また、ストックを併用することにより体のバランスが取りやすくなり、スムーズに登下降ができる。アイゼン歩行で大切なのはアイゼンの爪が雪面に垂直に刺さるように歩くこと。歩幅は小さくして体のバランスが崩れないように注意。傾斜が急なときは、足首に負担がかからないように足先を少し開くとよい。山慣れた人はキックステップで登るといいだろう。

緩い雪渓上はキックステップを利かせて登る

後方の高峰が手の届く高さに望めると、大樺沢二俣は近い。6月下旬のころは池山《いけやま》吊尾根に残雪が多く、新緑との光景がすばらしい。ミヤマハナシノブの淡い紫が目につきはじめると、正面に北岳バットレスが全容を現す。左岸の草付きをひと登りで絶好の休憩地・[*4]大樺沢二俣に到着する。例年の積雪ならば7月上旬でも大樺沢二俣は残雪が多い。また、雪渓末端が不安定な状態のときは、崩れる危険があるので近づかないように。

北岳山頂から見下す大樺沢。初夏のころは残雪が豊富だ

八本歯《はっぽんば》のコルは、大樺沢沿いに左岸の高みの登山道を登る。残雪が多く[*5]雪渓上を歩くときは軽アイゼンやストックが必要だ。ただし、初心者は必ず左岸の登山道を登るようにしよう。バットレスの岩壁が迫力を増し、登山道に小さな岩が多くなると落石の危険地帯だ。前方に注意して、できる限り早く通過しよう。八本歯沢に入るまで、左へ回り込むようにする。岩礫の急斜面は滑りやすく、足もとに注意してゆっくり登る。八本歯沢から右の小尾根に取り付き、ダケカンバとハイマツの間をたどる。小尾根は傾斜は緩いが、木の根やハシゴが数多くあり、少々登りにくい。

[*6]八本歯のコルは狭く小さな鞍部だ。前方にはおおらかな間ノ岳が涼風とともに姿を見せてくれる。また、南斜面には7月上旬から8月上旬まで白、紫、黄など彩り豊か

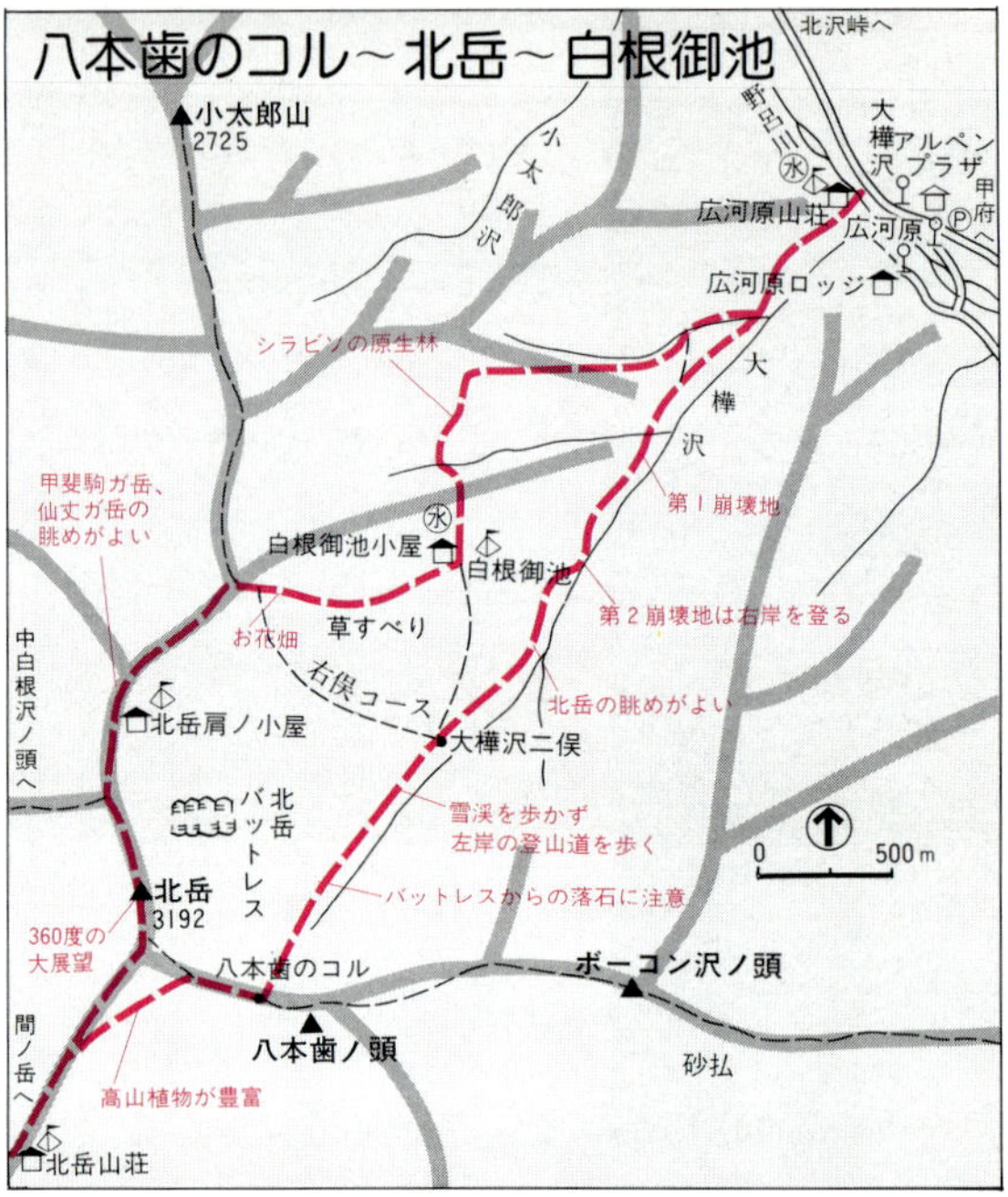

★山小屋主人のコース・メモ②

北岳山荘
内藤　忠

夏の北岳は高山植物が咲き、登山者を魅了してくれます。本コース中で最もお花畑が美しいところは、山頂から北岳山荘間の東斜面と、八本歯のコル南斜面。大樺沢コースの上部は、北岳バットレスからの落石に注意して下さい。とくに初夏の残雪が多いときは、雪がクッションになり落石の音が聞こえないので、危険です。さらに、八本歯のコルから下るときは足もとが悪く、滑りやすいので注意が必要です。北岳は3000㍍峰です。最近はハイキング感覚で登る人が多いようですが、充分な装備で登るようにして下さい。

な高山植物が次々と乱舞する光景が見られる。北岳山荘方面は岩場に取り付けられた木のハシゴを登る。バットレスに挑戦するクライマーの姿が望める地点だ。ヤセ尾根から巨岩の尾根へとトレースをたどると、北岳山荘方面への分岐に出る。後方には池山吊尾根と富士山が印象的に眺められる。

北岳登頂は翌日にして、分岐を北岳山荘に向かう。このトラバース道はキタダケソウ[*7]をはじめ、貴重な高山植物が多く咲いている。クサリやハシゴが取り付けられた岩場を通過すると、岩混じりの草地に出て北岳山荘へと導かれる。赤い屋根の北岳山荘[*8]はシーズン中は混雑するので、午後の早い時刻に到着するようにしたい。

第2日　池山吊尾根から御来光が顔をのぞかせると、夏山の一日が始まる。北岳山荘付近の稜線に立つと、雲海に浮く富士山がすばらしい眺めだ。朝の尾根路は気分爽快である。ミヤマシオガマ、タカネツメクサなどの高山植物[*9]が斜光で輝く光景は、夏山の魅力のひとつだ。小ピークを越え、池山吊尾根分岐を右に見送る。

岩礫の急登をワンピッチで待望の北岳山頂。3192メートル《メートル》からの大パノラマは目を見張るほどすばらしい。とくに甲斐駒《かいこま》ガ岳、仙丈《せんじょう》ガ岳、鳳凰《ほうおう》三山など南アルプス北部の山々が手にとるように眺望できる。夏山シーズン中、平坦で広い山頂はいつも登山者の笑顔でにぎわっている。

山頂をあとに北岳肩ノ小屋に向かう。両俣方面の分岐を通過し、岩場を急下降すれ

ガスが切れると展望が開けてくる。池山吊尾根分岐点にて

北岳山頂はすばらしい景観が期待できる。後方のおおらかな山は間ノ岳

山頂から北岳肩ノ小屋までは岩稜が続くので、転落しないように下りたい

◆*5　初心者は残雪が少なく、雪渓上を歩かなくてもよい時期に登るようにしよう。6月下旬から7月上旬にかけてキタダケソウが咲くころは、急な雪渓を登ることになり、山慣れた人がアイゼンなどの装備をつけて登るコースだ。

◆*6　池山吊尾根の難所になっている地点だ。八本歯ノ頭方面は岩場の急登で、北岳方面は長い木のハシゴが固定されている。八本歯のコル付近の池山吊尾根はヤセ尾根なので通過するときは注意したい。

❇*7　キタダケソウは北岳の高山帯にのみ咲くキンポウゲ科の宿年草。白い清楚な2センチほどの花を茎の先にひとつ付ける。花期は6月下旬から7月初旬。貴重なキタダケソウを見るために、北岳に登る登山者も多い。

❇*8　北岳山荘は南アルプス北部を代表する山小屋だ。7月下旬から8月中旬までは混雑する。北岳と中白峰の鞍部に位置し、食堂からは富士山が眺められる。シーズン中は公衆電話が設置されている。

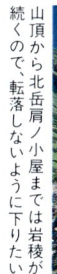

早朝の尾根歩きは実に爽快。正面に甲斐駒ガ岳を眺めながら歩く

白根御池と広河原の間はうっそうとした原生林が美しい

ば北岳肩ノ小屋に着く。正面に名峰・甲斐駒ガ岳が顔を見せ、小太郎《こたろう》*10尾根分岐点まで歩きやすい尾根路が続く。小太郎尾根分岐点からお花畑の間をジグザグに下る。ダケカンバ帯から、凹地の急斜面を一気に下れば白根御池。木の香りが漂う白根御池小屋は、泊まりたい小屋のひとつに数えられる。小休止をしてうっそうとした原生林をゆっくり下ると、1時間20分ほどで広河原に到着する。

◆八本歯のコルからの下り

八本歯のコルから大樺沢上部への下降は、木の根が張り出た尾根と小石や岩屑が堆積したガレ場の通過が中心になる。上部はハイマツのヤセ尾根で木の根や露岩が見られる下りにくいところだ。小尾根から沢の源頭に下ると湿ったザレ場が現れる。左岸沿いに付けられたトレースを後傾姿勢にならないように斜面に垂直に体重をかけて下降する。歩幅は狭く、浮き石には充分注意したい。大きな岩屑が堆積したガレ場は崩れやすいので、踏跡を見つけて下る。ガレ場は落石の危険地帯だ。休憩は厳禁。短時間でスムーズに通過するように心がけよう。

大樺沢上部は岩ガレの斜面が続く

●*9　朝露でキラキラ輝く高山植物は宝石のように美しい。写真で撮るときは接写レンズ、マクロレンズを使用して大きく写し込みたい。

❖*10　小太郎尾根分岐点は北岳肩ノ小屋から歩きやすい尾根を20分ほど下った地点。指導標が立っているので間違えたり、見落とす心配はない。

白峰三山縦走

ライチョウが遊ぶ人気の3000㍍スカイライン・コース

★★★

第1日／広河原（2時間30分）大樺沢二俣（3時間）北岳肩ノ小屋
第2日／北岳肩ノ小屋（30分）北岳（1時間）北岳山荘（1時間40分）間ノ岳（1時間）農鳥小屋
第3日／農鳥小屋（1時間30分）農鳥岳（40分）大門沢下降点（2時間30分）大門沢小屋（3時間）奈良田第1発電所（40分）奈良田

日程＝2泊3日
歩行距離＝第1日／10㌔
第2日／7㌔
第3日／19㌔
歩行時間＝第1日／5時間30分
第2日／4時間10分
第3日／8時間20分

5万図＝韮崎・鰍沢・市野瀬・大河原、2万5000図＝鳳凰山・夜叉神峠・奈良田・仙丈ケ岳・間ノ岳

大樺沢二俣手前には2つの崩壊地がある

初夏には残雪とダケカンバが美しい大樺沢二俣

右俣コースでは次々にお花畑が現れる

北《きた》岳から農鳥《のうとり》岳へと連なる白峰《しらね》[*1]三山は、南アルプスで最も人気がある縦走コースだ。稜線を彩る高山植物、絶頂からの大パノラマ、尾根路に遊ぶライチョウ、大樺《おおかんば》沢の雪渓など多くの魅力に満ちている。日程は右[*2]俣コースから北岳肩ノ小屋が第1日、第2日に農鳥小屋に泊り、最終日には大門《だいもん》沢から奈良田《ならだ》に下山する3日間のコースだ。

第1日　甲府駅から広河原までは山梨交通バスで2時間ほどの行程だ。アルペンプラザ前の大樺沢バス停で下車する。広河原から大樺沢二俣までは大樺沢の左岸沿いの登

★山小屋主人のコース・メモ①

北岳肩ノ小屋
森本　茂

大樺沢右俣コースは展望とお花畑に恵まれたコースです。急な登りは少なく、北岳への登頂コースとしておすすめできます。女性や年輩者が登る場合でも適したコースと言えるでしょう。緩い斜面のお花畑の間を登るので、シナノキンバイなどの花を観察しながら、また鳳凰三山の眺望を楽しみながら歩けます。ただし、午後遅くなるとガスが湧き、展望が利かなくなります。早めの行動を心がけて下さい。肩ノ小屋前の東斜面には小さなお花畑があり、7月中旬までキタダケソウを見ることができます。

❖＊1　北岳、間ノ岳、農鳥岳と連なる3000㍍の山稜である。鳳凰三山や櫛形山から眺めるとおおらかな山並みがすばらしい。
◆＊2　コンディションによっては2日目に大門沢小屋まで下ってもよい。朝夕の眺望が楽しめないが、3日目の行程が楽になる。
❖＊3　山頂から大樺沢に鋭く切れ落ちた岩壁で、高さ600㍍。穂高、剣、谷川岳などと並び、日本を代表する岩登りに人気の岩壁になっている。

上：右俣コースはお花畑と鳳凰三山の眺望が楽しめる人気コースだ
中右：登山道のすぐ近くに密度の濃いお花畑が見られる。彩り美しい花を愛でながら登ろう
中左：北岳肩ノ小屋は山頂直下に立つ小屋

3192㍍の北岳山頂は絶景を楽しむ登山者の笑顔であふれている

岩稜帯には7月初旬から中旬にかけてキバナシャクナゲが咲き乱れる

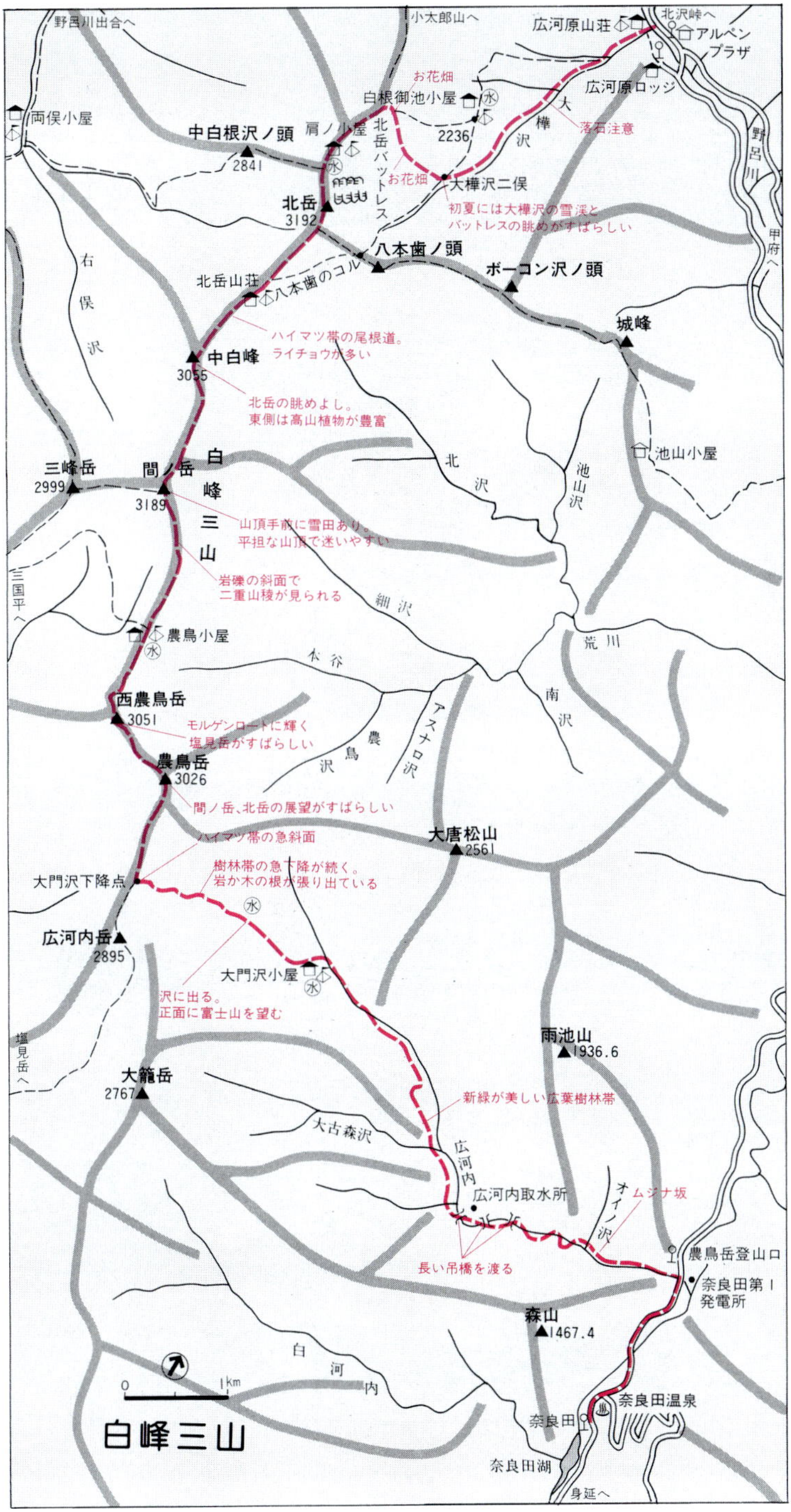

山道をたどる。詳細はP・31〜34参照。アルペンムードに満ちた北岳[*3]バットレスの眺望と左岸の草地に咲く高山植物がみごとな大樺沢二俣は、これから先の急登に備えての絶好の休憩地だ。前方には八本歯のコルへ向かって雪渓上を行く登山者の列が見られ、右に目を向けると爽快な小太郎尾根のスカイラインが眺められる。大樺沢二俣から北岳肩ノ小屋に登る右俣コースは落石の心配がなく、お花畑や展望がすばらしいので、本コースを登る登山者が増えている。

しばらくの間、右俣に沿って草地の急斜面を一直線に登る。まわりのダケカンバは6月下旬が新緑前線[*4]のベスト・シーズン。林床には残雪が見られ、サンカヨウ、シロ

北岳大展望

花崗岩が美しい甲斐駒ガ岳

南アルプスの女王と呼ばれるなだらかな仙丈ガ岳

日本画を見ているような富士山

岩稜をたどると間ノ岳がおおらかな山容を見せてくれる

上：中白峰はドーム状の小ピークで、北岳の眺めがすばらしい。夏山シーズン中はファミリーの姿も多い　右：岩稜帯を通過するとおおらかなハイマツ帯へと入っていく。この先は中白峰まで稜線漫歩が楽しめるところだ

バナエンレイソウが清楚な花を付けている。やがて、右俣から離れ、ダケカンバの間をジグザグに登る。汗が全身を濡らし、休憩したくなるころ、ダケカンバ帯を抜け出る。明るい広々とした草原[*5]が広がり、シナノキンバイ、イブキトラノオが涼風に揺れている。7月上旬まで雪田が残り、乾いたのどを潤してくれよう。前方に広がるお花畑を楽しみながらゆっくり休めるところだ。

美しいお花畑の間を直登する。夏の暑さも急登の苦しさも忘れてしまうほど美しい花園コースだ。振り返り眺めると、鳳凰《ほうおう》三山や池山《いけやま》吊尾根が視界に入ってくる。ダケカンバ帯とお花畑が交互に現れると、傾斜が緩くなり、マイペースで登れるようになる。右俣コースは比較的登山者が少なく、落ち着いて登れる点もうれしい。

白根御池からの道に合流[*6]すると花の密度が濃くなる。咲き乱れる高山植物を観察しながらゆっくり登りたい。小太郎尾根分岐点に出ると、南アルプスの名峰・甲斐駒《かいこま》ガ岳と仙丈《せんじょう》ガ岳が初めて山容を見せてくれる。

小太郎尾根は平坦で歩きやすい。北岳肩ノ小屋までは岩場を乗り越え、30分ほどの距離だ。肩ノ小屋直下の西側斜面は7月上旬にハクサンイチゲの大群落が見られると

★山小屋主人のコース・メモ②

農鳥小屋
深沢　糾

白峰三山は3000㍍の縦走コースであり、スカイラインからの眺望をはじめ、お花畑が魅力的です。ライチョウが登山道に顔を見せてくれることもあります。コースを組むときには日程に余裕をもって計画して下さい。地図を見て自分でコースを組み立てるようにすると楽しい山行ができます。また、時間があるときには間ノ岳から三国平経由で歩くのもおもしろいでしょう。コースは迷うようなところがないので安心して歩けます。奈良田までは8時間以上の行程なので、早めに小屋を出発して下さい。

●＊4　天候に恵まれると、残雪と新緑がすばらしい光景を見せてくれる。この時期は登山者が少なく、新緑やキタダケソウの撮影を中心とした山行を計画してもよい。

●＊5　大樺沢右俣コースの核心部で7月中旬から8月上旬にかけて次々と高山植物が咲き乱れる。前方には小太郎尾根のスカイラインが眺められる。

◆＊6　大樺沢右俣コースを下山路に使用するときは右に分岐する地点がわかりにくい。

間ノ岳山頂は平坦で広々としている。午後になると、夏雲湧く農鳥岳が眺められる

ころだ。

第2日　東の空が赤く染まり始めたら、小屋の外に出て荘厳な日の出[*7]の一瞬を眺めたい。荷物をまとめ小屋をあとに岩稜の急登を一歩一歩登る。中白根《なかしらね》沢ノ頭から両俣《りょうまた》方面の分岐を見送り、緩くなった岩尾根をたどる。朝の斜光で輝く、仙丈ガ岳や中央アルプスを眺めながらの登高は、アルペンムードがジワリと高まってくる。

3192㍍の北岳山頂は南北に細長く、広い山頂も絶景を楽しむ登山者でにぎわっている。早朝など大気がクリアなときならば、遠く北アルプスまで眺められる。

山頂から池山吊尾根分岐点までは、ヤセ尾根を慎重に下る。北岳山荘から北岳を目指す登山者が多いので、落石などを起こさないように注意しよう。池山吊尾根分岐点

西農鳥岳への登りは急で苦しい

小さな指導標が置かれているので注意して歩こう。

●*7　日の出を撮影するときは暗いので、岩にしっかりカメラを固定してカメラブレに注意する。

※*8　キタダケソウをはじめ、高山植物の種類が多い。7月上旬から下旬がベストシーズンだが、時期により咲く花が異なる。

※*9　氷河期からの遺留動物で、特別天然記念物に指定されている。南アルプスをはじめ北アルプスの中部山岳地帯だけに生息。

●*10　北岳を撮影するベストポジションのひとつが中白峰だ。朝、夕のどちらでもよいが、斜光で山肌が立体的に眺められるときがよい。初夏には高山植物を前景に取り入れると、季節感あふれる北岳が撮影できる。

※*11　三峰岳から三国平、熊ノ平まで足をのばして三国沢源頭を経て農鳥小屋に行ける。約4時間40分の行程だ。

◆*12　奈良田のバス停までは約8時間20分。時間的に余裕をもって行動しよう。

※*13　農鳥岳は頂稜部が西農鳥と東農鳥に分かれているが、東農鳥岳が代表。標高は西農鳥岳が3051㍍と東農鳥岳よりも高い。

※*14　農鳥岳の山名は残雪により山頂付近に現れる山肌が鳥の形をし、その鳥形を見て農耕を始めたことに由来している。

日の出を撮影する。北岳ノ肩にて

西農鳥岳から眺める農鳥岳は平坦な山頂に鎮座する富士山が印象的だ

縦走最後のピーク・農鳥岳からは間ノ岳、北岳が望める

農鳥岳山頂をあとに大門沢下降点に向かう

から北岳山荘に至る東斜面[*8]は高山植物の宝庫だ。充分に時間をかけて足もとに咲く花々を観察しよう。尾根の西斜面にトレースされた登山道を緩く下る。小岩峰を越えると、小さく望めた北岳山荘が手の届く距離に近づいてくる。ハイマツ帯は歩きやすく、富士山を眺めているうちにいつしか北岳山荘に着く。北岳山荘は中白峰との鞍部に位置し、夏山シーズン中は大にぎわいだ。小屋内部の設備は南アルプスの中では最も整っている。小屋手前の広場がテント場だ。

気分爽快な尾根路が中白峰へと緩やかに続いている。3000㍍のスカイラインから山々の景観を楽しみながらゆっくり歩きたい。北岳周辺のハイマツ帯にはライチョウ[*9]が多く生息している。ときどき、登山道で遊んでいる姿を見かけるが、追いかけたりせずやさしく見守りたい。

3055㍍[*10]の小ピーク・中白峰から返り見る北岳の雄姿がすばらしい。岩に腰をおろして北岳と富士山の秀景をおやつに小休止しよう。7月初旬から中旬にかけて、東側の平坦地が高山植物で彩られ美しい。

殺風景な岩稜を緩く下り、小岩峰を通過すれば間ノ岳は目前だ。山頂手前には7月中旬まで涼しげな雪田が残っている。北岳

荒川三山を正面に望みつつ尾根路を下る

大門沢下降地点には立派な指導標が設けられている

激しい急下降のあとは大門沢に沿ってゆっくり下る

山荘から1時間40分ほどの行程で間ノ岳に着く。平坦で広々とした山頂は、標識が置かれているのみで実に単調である。

山頂から西にのびる小尾根が[*11]三峰岳方面で、農鳥小屋へは岩畳に付けられたペンキ印を拾いながら主稜を南に下る。ガスに覆われ見通しが悪いときには迷いやすいので要注意。背後に雄大な夏雲を従えた農鳥岳が正面に堂々と眺められる。岩礫の登山道をゆっくり下れば、約1時間で農鳥小屋に到着する。早い時刻であるが、2日目は稜線上の小屋に泊まり富士山や間ノ岳の展望を楽しみたい。

第3日　山での行動は早発ちが鉄則。奈良田まで[*12]行程が長いので鉄則は守りたい。御来光を眺め、明るくなったらすぐに出発しよう。西農鳥岳まで鋭い急登が続く。朝の清々しい空気が心地よく、急登の苦しさを感じないうちにハイマツ帯の緩い尾根に出る。[*13]西農鳥岳に立ち、最初に視野に入る山が塩見《しおみ》岳。斜光で輝く男性的な山容が堂々としてすばらしい。東に目を移すと、農鳥岳のフラットな頂に鎮座する富士山が実におもしろい光景だ。

岩稜をたどり、緩く登り返すと白峰三山縦走最後のピーク・[*14]農鳥岳に立つ。大町桂月の歌碑が置かれた山頂は、塩見岳の左肩から顔を見せる荒川《あらかわ》三山や富士山の大パノ

★山小屋主人のコース・メモ③

大門沢小屋
深沢文敏

北岳から農鳥岳は大きな山々を縦走する人気コース。農鳥岳から大門沢下降地点にかけては彩り豊かな高山植物が多いので、楽しみながら歩いて下さい。下山コースとして注意してほしい場所は、下降地点から大門沢に出るまでの間。傾斜がきつい下降が連続するので、転落したり足を痛めないようにゆっくり歩くことです。大門沢小屋から下流にはしっとりとした広葉樹林帯が多く、新緑や紅葉のころはみごとな美しさです。逆コースで登る場合には、奈良田から大門沢小屋までが一日行程になります。

◆*15　農鳥岳から40分ほど下ると下降地点に着く。この付近の尾根は明るい広々としたハイマツ帯だ。

◆*16　足が弱く自信のない人は、ストックや杖を利用して足に負担がかからないようにしよう。充分注意して下りたいところだ。

※*17　夏山シーズン中のみ運行されていた。第1発電所発の身延行きバスは運休中である。奈良田で汗を流す場合は、登山道から林道に出たところに奈良田温泉専用の送迎車が待っている。

縦走のフィナーレは近い。林道を進めば第1発電所だ

下：吊橋はひとりずつゆっくり渡る
左：大門沢に下った地点で小休止。冷たい水で顔を洗いたい

ラマを眺める登山者でにぎわっている。北を望むとドーム状の間ノ岳とピラミダルな北岳が印象的だ。自分の足で走破した峰々を脳裏に収めたら、山頂をあとに大門沢に向かう。チングルマやチシマギキョウに見送られておおらかなハイマツ帯をのんびりと下る。

大門沢下降点[*15]には立派な指導標が立てられているので、見落とす心配はない。大門沢に下るまで激しい下降が連続する。足の指を痛めないように靴のヒモを締め直そう。ハイマツ帯をジグザグに下り、樹林帯へと入って行く。木の根や露岩が出ているので、足をひっかけたり、スリップしないようにゆっくり下る[*16]。うんざりするほど下り、樹林帯を抜けると大門沢沿いに出る。沢に下りて冷たい水で汗をふき小休止しよう。正面には富士山の夏姿が眺められる。

ふたたび右岸の樹林帯を下り、大門沢小屋へ。大門沢小屋で腹ごしらえをしながら一休みする。大門沢小屋から河原に出て、右岸の広葉樹林帯に入る。うっそうとした樹林がみごとだ。長い吊橋を3回渡り、ムジナ坂を経て林道に出る。大門沢小屋から約3時間で農鳥岳登山口の[*17]奈良田第1発電所に着く。

奈良田バス停までは、舗装された車道を40分ほど歩く。

◆奈良田から登る白峰三山

奈良田第1発電所から農鳥岳まで長くハードな登りの征服がポイントになる。日程は初日が大門沢小屋、2日目に農鳥小屋、3日目に北岳を通過して広河原に下山する。

第1日＝身延駅からバスに乗り、奈良田まで行く。奈良田から農鳥岳の登山口の第1発電所まで40分ほど歩く。大門沢沿いの登山道は原生林が美しい。奈良田第1発電所から大門沢小屋は約4時間。

第2日＝大門沢小屋を出発し、大門沢源流を右に見送ると樹林帯の急登が連続する。ハイマツ帯に出てジグザグに登るとやがて稜線に出る。大門沢下降地点から農鳥小屋までは花と展望が楽しめる。農鳥小屋まで約6時間10分の行程。

第3日＝広河原までの行程は長いので、早発ちを心がけよう。間ノ岳山頂まで岩屑が堆積した殺風景な斜面を登る。間ノ岳からは北岳が徐々に近づいてくるので楽しい尾根歩きとなる。北岳山頂から小太郎尾根分岐まではのんびり歩き、右俣コースに入っても傾斜は緩いので下りやすい。広河原まで約7時間40分の行程だ。

4 ★★

北岳～塩見岳～三伏峠

長大な尾根を走破し、手垢のつかないお花畑へ

第2日／北岳肩ノ小屋(30分)北岳(1時間)北岳山荘(1時間40分)間ノ岳(30分)三峰岳(1時間)三国平(30分)熊ノ平
第3日／熊ノ平（2時間20分）北荒川岳（2時間40分）塩見岳（1時間）塩見小屋
第4日／塩見小屋（1時間30分）本谷山（1時間）三伏峠（3時間10分）塩川土場

日程＝3泊4日
歩行距離＝第2日／7.5㌔ 第3日／8㌔ 第4日／13㌔
歩行時間＝第2日／5時間10分 第3日／6時間 第4日／5時間40分

5万図＝韮崎・市野瀬・大河原、2万5000図＝仙丈ケ岳・間ノ岳・塩見岳・鹿塩・信濃大河原

間ノ岳山頂は山頂の標識が唯一の目標物だ。いつも登山者が多い

盟主・北岳《きた》と南アルプス中央部の雄・塩《しお》見《み》岳を結ぶロングトレイルは、魅力あふれる本格派向きコースだ。北岳、熊《くま》ノ平《だいら》、北《きた》荒川《あらかわ》岳、三伏《さんぷく》峠と次々に現れるお花畑は、7月上旬から8月上旬にかけて彩り鮮やかな花で埋めつくされる。また、長大な仙塩*1尾根は静寂に支配された原生林の尾根で、南アルプスらしい雰囲気を漂わせている。ここでは北岳から塩見岳まで走破し、三伏峠から塩川《しおかわ》土場に下山する4日間の山旅を紹介しよう。

第1日　広河原から北岳肩ノ小屋までは、白根御池（P・24～27）、大樺沢右俣コース（P・31～35）を参照のこと。

第2日　北岳肩ノ小屋から北岳山頂までは、岩稜をたどる約30分の行程。北岳では日本第2の高峰にふさわしい絶景が楽しめる。間ノ岳の背後に小さく顔をのぞかせている塩見岳が、縦走の長大さを物語っているようだ。北岳から間ノ岳までは、雲海から頭

❖＊1　仙丈ガ岳と塩見岳を結ぶ尾根。2500～2700㍍の標高を保ち、三峰川の流れに沿ってほぼ並行に連っている。
●＊2　標高3189㍍の広々とした山頂には山頂を示す標識とケルンが置かれている。北岳から眺めると岩礫の山で、農鳥岳から眺める印象と異なっている。
◆＊3　三峰岳は長野、山梨、静岡3県の県境になっている。三国平寄りは浮き石が多いヤセ岩稜なので足もとにはとくに注意したい。

★山小屋主人のコース・メモ①

熊ノ平小屋
北村敏郎

熊ノ平の魅力は可憐な花々が咲き乱れるお花畑、豊富なおいしい清水、さらに登山者が少なく静かなことです。小屋も定員まで入らないのでゆっくりできます。小屋から15分ほど塩見岳方面に進むと中ア、北ア、塩見が眺められる好展望地があります。また、小屋から眺める西農鳥岳は特徴があり印象的です。山小屋には午後の早い時間に到着するようにして下さい。夏山シーズン頭初は塩見岳からの登山者が多く、夏山シーズンの中ばぐらいから、北岳から塩見岳へのコースをとる登山者が多くなります。

を出した富士山や仙丈《せんじょう》ガ岳を眺めながら稜線漫歩を楽しむ2時間40分ほどの行程。北岳肩ノ小屋から間ノ岳までの詳細はP・43〜44を参照のこと。

＊2間ノ岳山頂は高山植物、ハイマツなどの緑が少ないので殺風景。岩だたみの平坦地なので、見通しが悪いときには迷うこともある。主稜線を南にたどる道は農鳥岳へ続く。ペンキ印に導かれて主稜を南下しないように注意しよう。熊ノ平へは山頂から西に派生する小尾根に入る。右前方に仙丈ガ岳と仙塩尾根を望みつつ岩尾根をたどる。

＊3三峰岳は仙塩尾根の小さな岩頭だ。このあたりはメインコースから離れているため、北岳、間ノ岳とは比べられないほど静かで

三国平はハイマツと砂礫の平坦地。塩見岳が顔を見せてくれるところだ

下：熊ノ平は静かなキャンプ指定地
左：三峰岳は展望を楽しみながらゆっくり休める

北荒川岳からはダイナミックな塩見岳が望める

熊ノ平・北荒川岳・三伏峠のお花畑

熊ノ平の南斜面にはお花畑が広がっている。高茎草原でミヤマキンポウゲ、ハクサンフウロなどが多い。北荒川岳から塩見岳寄りの東斜面にもお花畑がある。北荒川岳側の尾根路には礫地をはうようにイブキジャコウソウやタカネビランジが咲いている。三伏峠の烏帽子岳側の斜面のお花畑では、タカネグンナイフウロ、ミヤマシシウドなどがたいへん美しい。

北荒川岳東斜面のお花畑

●＊4　大井川東俣源頭に広がる草地でお花畑がある。お花畑付近からは農鳥岳が眺められる。

●＊5　早朝にこの地点に立ち、塩見岳と中央アルプスの山々をカメラに収めよう。谷間に雲海が広がることが多く、作品が期待できる。100ミリよりもやや長めの望遠レンズが有効だ。

※＊6　熊ノ平から健脚ならば1時間の行程。竜尾見晴とも呼ばれる展望台。

ある。三峰岳から三国平へは小さな岩が堆積したヤセ尾根を下る。不安定な岩が多く下りにくいところだ。

三峰岳から1時間ほどで砂礫の台地・三国平に着く。ハイマツ帯の先には塩見岳が眺められる。三国平の分岐は左に農鳥小屋への道を分け、塩見岳を正面に望みつつダケカンバ帯へと下る。斜面全体がお花畑と

おおらかな尾根をたどり、塩見岳を目指す。背後に連なる仙塩尾根が美しい

●＊7　北荒川岳から対峙する塩見岳の荒々しい雄姿が魅力的だ。塩見岳をダイナミックに撮影できる地点は北荒川岳がピカ一。午前中、斜光で山壁が立体的に表現できるときをねらいたい。

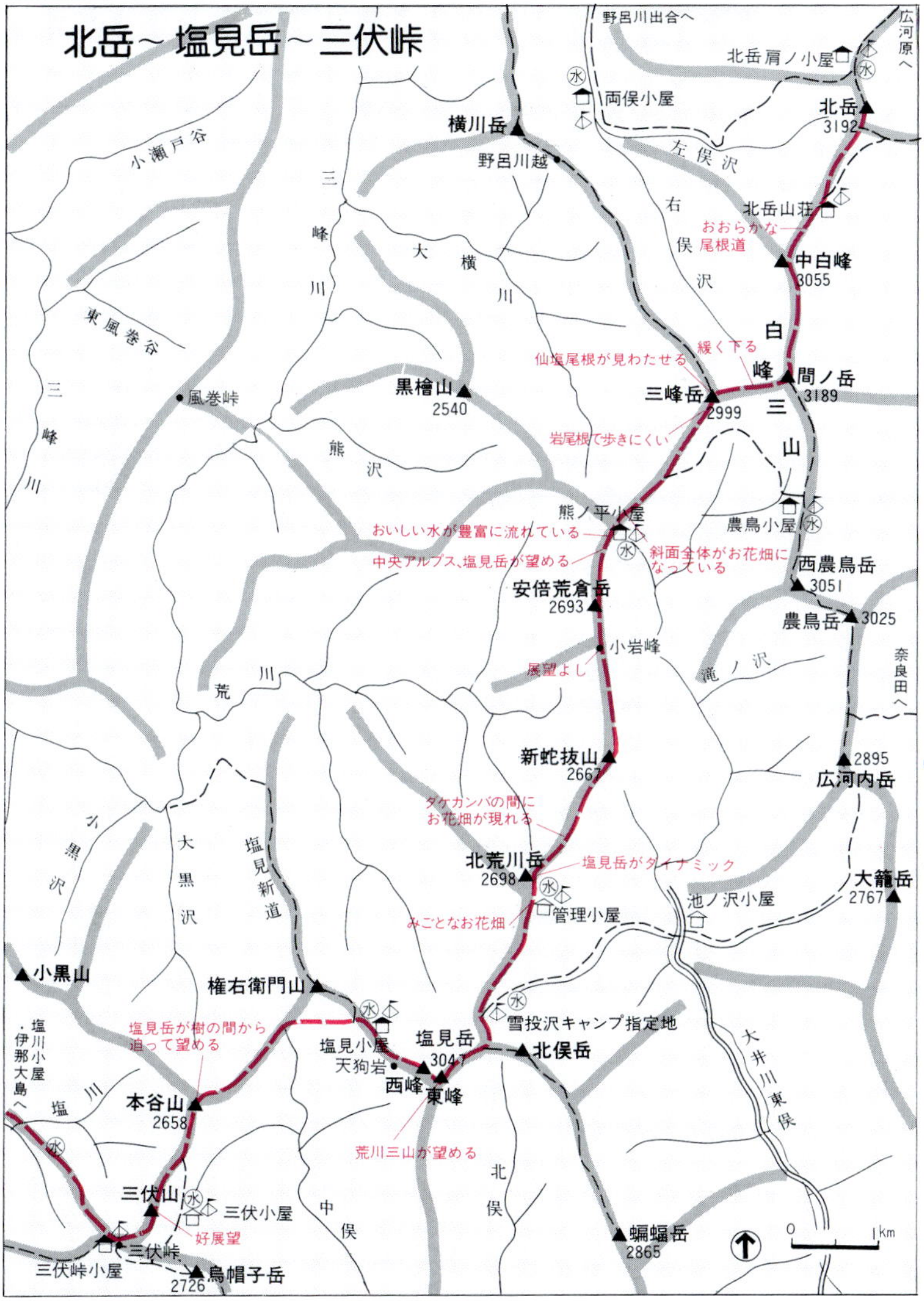

化したところが熊ノ平[*4]だ。シナノキンバイ、タカネグンナイフウロなど背の高い高山植物が多い。テント場の先には熊ノ平小屋が立っている。熊ノ平小屋は山奥に位置しているにもかかわらず、よく手入れがされたきれいな小屋である。おいしい清水が流れ、楽しいテント生活ができるところだ。

第3日　熊ノ平から仙塩尾根をたどり塩見岳までの行程はこのコースの核心部。熊ノ平小屋を出発し、シラベ[*5]の樹林へ入る。南西の展望が開けた尾根からは、朝の斜光で輝く塩見岳や中央アルプスが眺望できる。この先はしばらく展望が期待できない。北荒川岳までの間は樹林帯が続き、南アルプスらしい雰囲気が漂っている。安倍《あべ》荒倉《あらくら》岳は顕著なピークがなく、いつしか通りすぎてしまうところだ。

仙塩尾根は大部分が尾根の東側にトレースが付いている。熊ノ平からワンピッチも歩くと小岩峰の展望台[*6]に着く。仙丈ガ岳から塩見岳へと連なる長大な尾根が一望できる地点だ。熊ノ平から北荒川岳までの中間地であり、少し進むと新《しん》蛇抜《じゃぬけ》山である。大井川と三峰川にはさまれた尾根は標高2700メートルあるが、アップダウンが少ないのでピッチが上がる。オオシラビソ、ツガの樹林から明るいダケカンバ帯に入ると、小さな草地が現れて可憐な花が見られる。

背の高いハイマツ帯を一直線に登ると北荒川岳だ。正面[*7]には塩見岳が大迫力で望める。南荒川の深い谷間から荒々しい山肌が山頂までそそり立つ光景は恐ろしいほどだ。この先は塩見岳まで349メートルほど高度をかせがなければならない。北荒川岳から少し進むと密度の濃いお花畑[*8]が広がっている。登山道がお花畑を横切っているが、登山道から外れないように登山者ひとりひとりが心がけたい。ダケカンバ帯を抜け、雪投《ゆきなで》沢[*9]源頭のハイマツ模様を眺めながら高度をかせぐ。塩見岳から北俣《きたまた》岳へと連なる主稜に達すると、高山植物が多くなる。右手には蝙蝠《こうもり》岳[*10]のおおらかな山容が新鮮に眺められよう。

塩見岳東峰[*11]に立つと、荒川《あらかわ》三山や赤石《あかいし》岳など南アルプス南部の山々が初めて全容を現し、感激もひとしおだ。北岳方面を返り見ると、塩見岳まで走破してきた長い尾根

★山小屋主人のコース・メモ②

塩見小屋
河村正博

南アルプスの中央に位置する塩見岳は眺望が自慢です。秋には空気が透んでいるので駿河湾や伊豆半島まで見わたすことができます。団体で来るときにはとくに時間的に余裕をもって行動して下さい。午後になると雷が発生する確率が高いので早めに小屋に着くようにして下さい。また、塩見岳の下りではザックを岩にひっかけるケースが多いようです。逆コースでは、ガスが湧いているときは蝙蝠岳方面に迷い込まないようにして下さい。また、小瀬戸からの塩見新道は静かな原生林が魅力的なコースです。

❖＊8　北荒川岳の東斜面は南アルプスを代表するお花畑のひとつ。お花畑の上部には管理小屋がある。

◆＊9　雪投沢源頭（稜線から東側に少し下った地点）はキャンプ指定地になっている。ただし、雪投沢を下る踏跡は荒れているため、一般の登山者は絶対に下らないこと。

❖＊10　蝙蝠岳は主稜線から外れているため、訪れる登山者は少ない。二軒小屋からのコースが整備されている。

塩見岳山頂は西峰と東峰に分かれている

仙塩尾根もフィナーレに近づくと、ハイマツの広々とした尾根が続く

上：こぢんまりした塩見小屋
左：塩見岳と天狗岩の間は不安定な岩ガレの急斜面が続く。慎重に下ろう

塩見小屋から眺めた塩見岳

上右：権右衛門山の南斜面は、美しい原生林の中を下る
上左：三伏峠小屋の前で小休止
左：三伏峠のお花畑から眺める塩見岳は、南アルプスらしいおおらかさが魅力的だ

や山々が感慨深く眺められる。３０４７メートルの三角点は目の前の西峰に置かれている。塩見岳は三伏峠から登る人も多く、つねに何人かの登山者の姿が見られる。

天狗岩に向かうと、すぐにガレ場に出る。浮き石も多く、本コースで最も危険なところだ。疲れているときや雨が降っているときは転落しないように注意しよう。天狗岩を左側から通過すればハイマツ帯に出て塩見小屋に到着する。塩見小屋はこぢんまりした小屋で、小屋の前がテント場になっている。

第４日　下山日の見どころは三伏峠のお花畑と塩見岳の雄姿だ。塩見小屋から10分ほどハイマツの尾根を歩くと、小瀬戸方面に下る塩見新道[*12]を右に分岐し、樹林帯を下る。権《ごん》右衛《え》門《もん》山の南側を緩くトレースすると、美しいシラビソの原生林が現れる。倒木が見られる尾根を進み、本谷《ほんたに》山へと登り返す。花咲く斜面を下り、三伏小屋への分岐を左に見送る。三伏山は三伏峠手前のピークで展望は良好だ。

三伏峠[*13]には三伏峠小屋が立っているが、樹林に囲まれているので展望は期待できない。烏帽子《えぼし》岳方面に5分ほど歩くと斜面全体がお花畑になり、初夏から盛夏にかけて登山者の目を楽しませてくれる。お花畑越しには均整のとれた塩見岳が実に美しい。

三伏峠からうっそうとした原生林の間を下降[14]する。傾斜はきついが足もとがしっかりしているので下りやすい。水場で小休止をとり、塩川沿いに出るまでワンピッチ要する。塩川の左岸まで下りカラマツ林を抜けると、緩い下りが塩川土場まで続く。バス[15]停の高台には塩川小屋があり、4日間の汗を流すことができる。

★山小屋主人のコース・メモ③

三伏峠小屋
原一雄・浜中愛之助

三伏峠のお花畑はさまざまな高山植物が咲きみごとです。お花畑が荒れることがないように、ひとりひとりが配慮して下さい。三伏峠から少し足をのばして烏帽子岳まで登ると、富士山や荒川三山の眺めがすばらしいです。また、三伏峠からの塩見岳の眺望も感激する光景です。三伏峠小屋は夏山シーズン中、混雑することなくゆっくり泊まれます。ただし、ゴミをトイレに捨てたりしないようにして下さい。三伏峠からの下りは急なので、転落しないようにゆっくり下りましょう。

❖＊11　山名の由来はいろいろあるが、山頂から海が見えるという説や山麓で塩が産出されるという説がある。

◆＊12　権右衛門山から北に派生する尾根を下り、三峰川林道までは約1時間。

❖＊13　三伏峠小屋、キャンプ指定地があり、荒川三山、塩見岳の登山基地になっている。

◆＊14　傾斜はきついが、登山道は荒れているところがなく安心して下れる。

❖＊15　塩川土場からは伊那バスで伊那大島駅へ行ける。

5 北岳〜中白根沢ノ頭〜両俣

★★★

喧騒から開放され、静寂のコースを通って下山

第2日／北岳肩ノ小屋（30分）北岳（1時間10分）中白根沢ノ頭（1時間）中白根沢ノ頭取付点（50分）両俣小屋（2時間30分）野呂川出合

日程＝1泊2日
歩行距離＝第2日／8キロ
歩行時間＝第2日／6時間

両俣《りょうまた》は北岳周辺では最も静かな山域だ。北《きた》岳からの下山コース[*1]として中白根《なかしらね》沢ノ頭から両俣を経て野呂《のろ》川出合までのコースを紹介しよう。

北岳山頂は絶景を楽しむ登山者でいつもにぎわっている。甲斐駒《かいこま》ガ岳を正面に眺めながら岩尾根を緩く下る。山頂付近の稜線は大樺《おおかんば》沢側に鋭く切れ、西側は緩いスロープになっている。山頂から10分ほど下り、両俣への分岐[*2]を左に折れる。主稜線を通過する登山者は多いが、両俣へ向かう登山者は極端に少ない。

岩礫から風衝地の尾根[*3]を下る。右前方に仙丈ガ岳が眺められ気分爽快だ。足もとにはミヤマシオガマ、チョウノスケソウなどが咲き、小さなアクセントになっている。[*4]中白根沢ノ頭手前で登山道は左に激しく下る。中白根沢ノ頭へは踏跡をたどれば着く。北岳を返り見ると、特徴のない山稜があるだけで北岳にふさわしい迫力ある光景は期待できない。

ハイマツ帯にダケカンバが点在する斜面を急下降する。すぐに樹林帯に入り、先ほどまで山容を見せていた間ノ岳も樹間から垣間見る程度になる。樹相がツガなどの黒木に変化すると、うす暗い樹林帯になる。

5万図＝市野瀬、2万5000図＝仙丈ケ岳・間ノ岳

樹林越しに堂々とした山容の中白峰を望む

★山小屋主人のコース・メモ

両俣小屋
星美智子

このコースを利用する人は、仙丈ガ岳から縦走して、両俣小屋に泊まって北岳に登る人が多いようです。コースの途中に指導標は少ないですが、迷うことはほとんどありません。ただし、左俣大滝から両俣までは徒渉があるので、雨が30ミリ以上降ったら下らないようにして下さい。雨が降るとスリップしやすくなります。両俣は樹林に囲まれ、静かで南アルプスらしいところです。北沢橋までは2時間30分ぐらいかかるので余裕をもって行動して下さい。林道からは前方に仙丈ガ岳、振り返ると北岳が望めます。

※＊1　北岳を何度も登った登山者におすすめのコース。広河原をベースにしたほかのコースと趣が異なっている。登山コースとして利用する登山者も多い。
◆＊2　分岐点には標識があり見落とす心配はない。北岳肩ノ小屋方面からは急登が終わった所が分岐点になっている。
●＊3　中白根沢ノ頭まで展望に恵まれている。尾根の右側は鋭く切れ、左側はなだらかになっている。高山植物も多い。

中白根沢ノ頭付近から眺めた北岳

右に小さな展望台があり、仙丈ガ岳方面が開けている。地図の等高線がビッシリ詰った樹林帯は、ゆっくり下りたい。崩壊している地点は、迷い込まないように踏跡を忠実にたどる。露岩や木の根が出ているところはスリップに注意しよう。左俣《ひだりまた》沢に近づく＊5と登山道は少し荒れ気味になる。やがて、瀬音が響き左俣大滝の少し下に着く。左俣大滝は落差は低いが、水量が多く豪快な滝である。

左俣沢は狭い部分もあり、台風や降雨直後は増水して危険なので、絶対に下らないようにしよう。左岸は鋭い岩壁が多く、沢沿いは主に右岸にトレースされている。何

右：指導標を確認して、廃道に入らないように
上：稜線に咲くミヤマシオガマ

●＊4 登山道はピークを通らない。尾根上にコブのように小さく盛り上っているのがピークで、間ノ岳、仙丈ガ岳、甲斐駒ガ岳のすばらしい眺めが得られる。

◆＊5 樹林帯に入り、かなり下った地点は一部コースが荒れているので注意したい。湿った岩場があるので、スリップや転落しないようにゆっくり下る。

度か靴をぬぎ徒渉[*6]しなければならない。徒渉点では充分注意しよう。草むらや河原を1時間も歩くと左俣沢と右俣沢の合流地点・両俣に着く。右俣沢の左岸に渡り、シラベの樹林の間を下れば両俣小屋の前に出る。両俣小屋は懐深い谷間の小屋。付近は人の気配がまったく感じられないところだ。キャンプ指定地は小屋から少し上流に歩いたところにある。

静かな谷間に立つ両俣小屋

左俣大滝は水量が豊富だ

左俣は踏跡やペンキ印を拾って歩く

両俣小屋から野呂川出合に向かう。野呂川の左岸沿いの登山道は部分的に崩れているところがあるので慎重に通過したい。樹林帯を抜け治山工事用林道[*7]に出る。林道は小太郎尾根と仙塩尾根にはさまれた谷間に山奥までのびている。対岸の小太郎尾根が鋭く野呂川に切れ落ちている光景がすばらしい。大仙丈沢、小仙丈沢を通過すると野呂川出合(北沢橋)は近い。林道から北岳方面を振り返ると、主稜から派生した尾根にコブのように盛り上った中白根沢ノ頭が望める。

両俣小屋を出発して、2時間30分ほどでバス停がある野呂川出合に着く。広河原までは芦安村営バスで約20分。バス時刻を考慮して歩こう。

■夏山の気象

夏山で最も天候が安定している時期は「梅雨明け10日」と言っても過言ではない。一般的には梅雨が明けて本格的な夏山を迎えるのであるが、梅雨明け直前には集中豪雨の心配がある。

午前中は雲ひとつない晴天であっても、午後になると熱せられた大気が上昇して雲が発生しやすくなる。大気の下層と上層で温度差が大きいと大気が不安定になり、熱雷が発生する。午後になると雷が発生しやすくなるのはそのためだ。早めの行動を心がけよう。もし雷に襲われたら、尾根や稜線の低いところに下りて、身を低くして、雷が去るのを待つこと。

夏雲が湧く午後の小仙丈尾根

◆*6　水量が少ない地点や岩伝いに渡れる地点を見つける。梅雨時は水量が多いので初心者は下らないように。少なくとも2～3度は徒渉しなければならない。

◆*7　林道は野呂川出合まで緩く下っている。谷間の林道で工事用の車がときどき通過するのみで、まわりの景観を楽しみながらのんびり歩ける。

6 仙水峠～甲斐駒ガ岳～双児山

★★

花崗岩の名峰に短時間でアタックするポピュラーなコース

第2日／北沢峠（1時間20分）仙水峠（1時間30分）駒津峰（1時間30分）甲斐駒ガ岳（1時間）駒津峰（40分）双児山（1時間10分）北沢峠

日程＝1泊2日
歩行距離＝11㌔
歩行時間＝7時間10分

5万図＝市野瀬、2万5000図＝甲斐駒ケ岳・仙丈ケ岳

甲斐駒《かいこま》ガ岳のピラミダルな山容は深田久弥氏が『日本百名山』の中で絶賛して「日本アルプスで一番代表的なピラミッドは……甲斐駒ガ岳をあげよう」と記述しており、どの方向から眺めてもピラミダルなピークの美しさは、ほかに例をみないほどだ。また、摩利支天《まりしてん》をしたがえたダイナミックな姿は、南アルプスを代表する光景になっている。そして、明るい花崗岩の山頂は、重厚でうす暗い雰囲気が主流の南アルプスの中では目立つ存在だ。それだけに北岳とともに人気の山である。

甲斐駒ガ岳への登頂コースとしては、北《きた》沢《ざわ》峠をベース[*1]に短時間で登るコースが人気がある。ここでは仙水《せんすい》峠、駒津《こまつ》峰を経て甲斐駒ガ岳に登り、双児《ふたご》山から北沢峠に戻るコースを紹介しよう。約7時間の行程のため、前日は北沢峠に泊まるように計画する。北沢峠へは山梨県側の広河原、長野県側の戸台口からそれぞれの村営[*2]バスが運行されている。

第2日 北沢峠のバス停から山梨県側の北沢方面に10分ほど歩くと、北沢長衛小屋。

登山者でにぎわう北沢長衛小屋前。盛夏にはヤナギランが咲く

★山小屋主人のコース・メモ

北沢長衛小屋
竹沢長衛

このコースの魅力は仙水峠に立ったときの摩利支天の岩壁のすばらしさです。また、山頂からは富士山をはじめ、仙丈ガ岳、北岳、八ガ岳、鳳凰三山など回りの主だった山が眺望できます。甲斐駒ガ岳はまさに展望の山といえます。高山植物は仙丈ガ岳などに比べると寂しいですが、その分回りの景色を堪能して下さい。体力のない人は駒津峰まで登ると、アルペン的な展望を楽しめるでしょう。六方石から直登ルートを登ると、時間を短縮できます。ただし、大きい岩で手がかりがないところがあるので、注意して下さい。

❖＊1 北沢峠をベースにして、甲斐駒ガ岳と仙丈ガ岳をそれぞれピストンする登山者が多い。荷物を北沢峠に置いて身軽に登れ、しかも、異なった雰囲気をもつ南アルプスの名峰2山を制覇できるとあって、人気の高いコースだ。冬山の入門コースとしてもよく登られている。

小屋手前の大岩には南アルプス開拓の功をたたえて、*3竹沢長衛翁のレリーフがはめ込まれている。前方の北沢河原が北沢峠の*4キャンプ指定地だ。冬期には、北沢峠バス停に近い、林道わきにテントを張っているパーティもあるが、キャンプ指定地は北沢河原なので、必ず河原に張るようにしよう。夏山シーズン中は、広い河原がカラフルなテントで埋めつくされる。

北沢長衛小屋前で流れを横切る。右に分岐する登山口が栗沢山への直登コースだ。北沢の左岸沿いに堰堤をいくつも越える。周辺の樹木を眺めると、堰堤により素朴な美しさが失われてしまったのが残念だ。

水量が少ない北沢源流を右岸に移り高度をかせぐ。*5登山道ははっきりと付けられているので迷う心配はない。谷間の山腹にはカラマツ、ダケカンバが多く、6月下旬の新緑のころが美しい。

やがて、北沢源頭の左岸に立つこぢんまりした仙水小屋に着く。仙水小屋は登山者の間では食事がおいしい小屋として知られている。小屋のテラスからはおおらかな小仙丈ガ岳が眺望できる。小屋の裏手がキャ

仙水小屋から小仙丈ガ岳が眺められる

仙水峠付近には岩塊が堆積した斜面が広がっている

駒津峰方面へは仙水峠を左に入る

❖*2　広河原から芦安村営バス、戸台口から長谷村営バスが運行されている。広河原からの始発は9時と遅い。戸台口からは6時25分（7月16日～8月31日と6月中旬～11月中旬の土・休日のみ運行）と早い時刻だ。戸台口から入り、6時25分発に乗れば、充分甲斐駒ガ岳を往復できる。

戸台口からは北沢峠まで長谷村営バスが出ている

❖*3　「南アルプス開山の祖」と言われる初代竹沢長衛は現在の長谷村戸台に生まれた。山案内人として今西錦司氏、西堀栄三郎氏らを案内し、仙丈ガ岳や甲斐駒ガ岳への新道の開拓に力を注いだ。南アルプス開拓の功績で昭和38年に県知事表彰を受けている。

❖*4　バス停から近いため、夏山、秋山シーズン中はいつもテントが張られている。甲斐駒ガ岳、仙丈ガ岳のベースに最適。水は豊富に流れ、トイレなどの施設も整っている。ただし、北沢の河原のため、暴風雨や大雨のあとには沢の水が増水するので注意したい。設営可能数は80張。

ンプ指定地になっていて、設営数は少ないが静かなキャンプ生活が楽しめる。この付近まで登ると北沢峠の喧騒から開放され、南アルプスらしさがちょっぴり感じられるだろう。

　樹林帯を抜け、駒津峰側からの岩塊斜面をたどる。水成岩の小さな岩の上は少し登りにくく、踏跡が一部わかりにくいところがある。仙水小屋[*6]から40分ほどで暗く独特の雰囲気が漂う仙水峠に着く。仙水峠は駒津峰と栗沢山にはさまれたV字状の鞍部で、正面が開けている。摩利支天の大岩壁が目の前に迫り、圧倒される光景だ。仙水峠までは北沢峠からスニーカーで気軽に登ってくるハイカーや観光客の姿も見られる。この先の急登に備えて、岩の上に腰をおろして小休止しよう。峠にはケルンや指導標が置かれている。ここから右に折れると早川尾根方面だ。

　駒津峰を経て甲斐駒ガ岳へは仙水峠から

◆*5　仙水小屋までの登山道は主に右岸に沿って付けられている。踏跡は明確に付けられているが、暗い未明に登る場合は、何度も歩いたベテラン以外は間違えやすいので注意しよう。

北沢の堰堤

駒津峰から眺めるアルペンムード漂う甲斐駒ガ岳

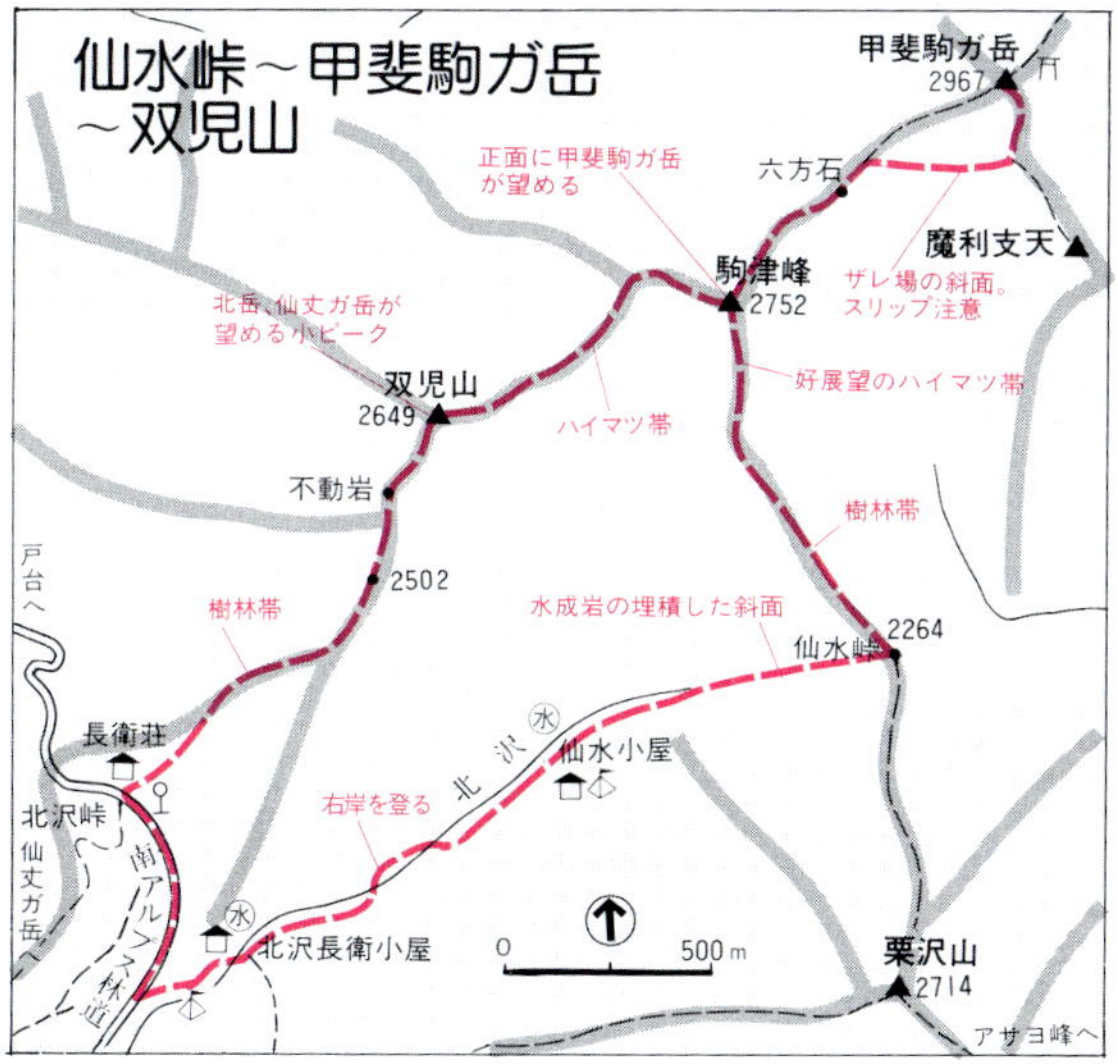

北岳、仙丈ガ岳はもちろんのこと、八ガ岳、北アルプス、富士山、奥秩父の山々が眺望できる山頂は、多くの登山者でにぎわっている。北沢峠をベースにした登山者が続々と登ってきても、山頂が広いため落ち着いて展望が楽しめよう。

　下山は駒津峰までは登りコースを下る。砂礫の斜面は登りよりも滑りやすいので、

双児山からは北岳、仙丈ガ岳、駒津峰が眺められる

双児山から振り返ると、駒津峰の肩から顔をのぞかせる甲斐駒ガ岳が印象的。ハイマツ帯に点在するダケカンバもみごと

上：北沢峠は広河原、戸台口行きのバスを待つ人でいっぱいだ
右：樹林帯を下り北沢峠へと向かう

ゆっくりと下降しよう。午後になるとガス[*11]が下から昇り、眺望がまったくきかなくなるので早めの行動を心がけたい。山頂から六方石までは白ザレの斜面でスリップしやすいところがあるので、ゆっくり下ろう。六方石まで下ると一安心だ。

岩稜を緩く登ると駒津峰に着く。先ほど征服した甲斐駒ガ岳を背に双児山方面に向かう。ハイマツ帯の斜面を正面に仙丈ガ岳を望みつつ一気に下る。鞍部から登り返すと小さな山頂・双児山[*12]だ。振り返ると駒津峰の肩から顔を見せる甲斐駒ガ岳が印象に残るだろう。

双児山から北沢峠まで613メートルも下降する。樹林帯の登山道は下りやすく、とくに注意する地点もない。下りで足の関節[*13]を痛めたりしないように、途中で休憩を取りながらゆっくり歩く。樹林帯に入れば、たとえ天候が悪くなっても安心して下れるだろう。1時間10分ほどで長衛荘の横を通り北沢峠に出る。

北沢峠からは入山と同じように、広河原か戸台口に村営[*14]バスを利用して行く。広河原からは山梨交通バスで甲府へ、戸台口からはJRバスで伊那市または伊那北へ出られる。

❖*11 山の天気は変わりやすく、晴天であっても1時間後に雲の中に入ってしまうことは常識である。甲斐駒ガ岳では大武川側からガスが湧き、昼前から山頂が隠れてしまうことが多い。10時頃までには山頂に立つようにスケジュールを組むことが大切だ。また、午後の遅い時刻まで行動していると雷雨になる可能性も高くなる。

●*12 双児山はダケカンバに囲まれた小ピーク。北岳をはじめ、仙丈ガ岳、駒津峰などの眺望がすぐれている。この先の長い樹林に備えて小休止したいポイントだ。逆コースの場合は、長い樹林の急登から開放されるとともにすばらしい光景が見わたせるため、感激が大きい。

◆*13 疲れているときに急下降を一気に下ると、関節を痛めることがある。下りは無理をせずに足のバネを効かせてリズミカルに下りたい。

◆*14 広河原、戸台口とも夏山シーズン中でも北沢峠からのバスの運行は、1日3～4往復ほどしかない。必ず運行時刻を事前に調べて、間に合うように下山しよう。

7

黒戸尾根〜甲斐駒ガ岳〜北沢峠

霊峰・甲斐駒ガ岳をハードな表尾根から征服

★★★

第1日／竹宇駒ガ岳神社（2時間30分）笹ノ平（3時間10分）五合目（1時間）七丈第1小屋
第2日／七丈第1小屋（1時間）八合目御来迎場（1時間20分）甲斐駒ガ岳（1時間）駒津峰（1時間）仙水峠（1時間5分）北沢峠

日程＝1泊2日
歩行距離＝第1日／14キロ　第2日／9・5キロ
歩行時間＝第1日／6時間40分　第2日／5時間25分

5万図＝韮崎・市野瀬、2万5000図＝長坂上条・甲斐駒ケ岳・仙丈ケ岳

杉林に囲まれた竹宇駒ガ岳神社

黒戸尾根は原生林の中を登る

信仰の山・甲斐《かい》駒《こま》ガ岳は日本を代表する名山である。中央本線の車窓から眺めると、ダイナミックで端正な山容がすばらしい。また、重厚でうす暗い山々が多い南アルプスの中では、明るい花崗岩*1の山頂はひときわ目立つ存在だ。甲斐駒ガ岳には黒戸《くろと》尾根と北沢《きたざわ》峠から登山道が付けられているが、ここでは一度はチャレンジしたい黒戸尾根からのコースを紹介しよう。黒戸尾根は登山口から山頂まで2200メートルの標高差を登るため、日本アルプスの中でもハードコースのひとつにあげられている。

第1日　韮崎駅から尾白川渓谷行きのバス*2に乗る。夏山シーズンのみの、季節運行バスなので注意しよう。バスの終点から駐車場を抜け、竹宇駒ガ岳神社に向かう。スギに囲まれた竹宇駒ガ岳神社は、山岳信仰の歴史が感じられるところだ。尾白川に架けられた立派な吊橋を渡り、登山道に入る。登山道に一歩踏み込むと、ハードな登りが連続するため余裕をもって出発しよう。右に渓谷周遊路*3を見送り、低山の魅力いっぱいの雑木林を登る。最初から急登の洗礼を受けるので、身体が慣れるまでは苦しい。

十二曲り*4と呼ばれる急斜面では、地名の通りジグザグに斜面を切りながら登る。白砂の斜面が崩れた沢を慎重に通過すると、

★山小屋主人のコース・メモ①

五合目小屋
古屋義成

黒戸尾根は甲斐駒ガ岳の表登山道として古くから登られています。原生林の尾根から展望がすばらしい山頂へのコースは、急登が続き苦しいですが、時間をかけてゆっくりと登りたいところです。ハードなコースだけに、無理をせず登るようにして下さい。往復するのであれば、五合目に荷物を置いてピストンすると楽です。北沢峠側よりも登山者が少ないので、ゆっくり山歩きが楽しめるコースです。花崗岩の甲斐駒ガ岳山頂からの眺めはすばらしく、山頂付近には白いタカネツメクサが咲いています。

❖*1　南アルプスはフォッサ・マグナと接触する中央構造線に分断された外帯に属するため、砂岩や粘板岩で成り立っている。なかでも甲斐駒ガ岳と鳳凰三山は北アルプスと同様の花崗岩から成るので、明るい山容を呈している。

◆*2　尾白川渓谷行きの定期バスは7月下旬から8月下旬までの夏期のみ運行される。韮崎駅発は7時台で、尾白川渓谷までは約40分である。早い時刻から登りはじめるにはタ

黒戸尾根で最初に現れる難所が刃渡りだ。両側が鋭く切れ落ちているが、クサリを使えば安心

しばらくの間は、急登から開放される。広葉樹林帯を進むと、小さな流れが登山道を横切る。この地点が粥餅石《かゆもちいし》＊5で冷たい水が乾いたのどを潤してくれるだろう。林床にクマザサが多く茂り、横手からの＊6登山道が合流すると笹《ささ》ノ平だ。この付近は平坦な道が続き、実に歩きやすい。笹ノ平の広場を通過すると、徐々に傾斜がきつくなる。樹相も広葉樹から重苦しいツガなどの黒木が支配するようになってくる。

黒戸山と屛風岩の鞍部に立つ五合目小屋

刀利天狗は休憩に適した地点

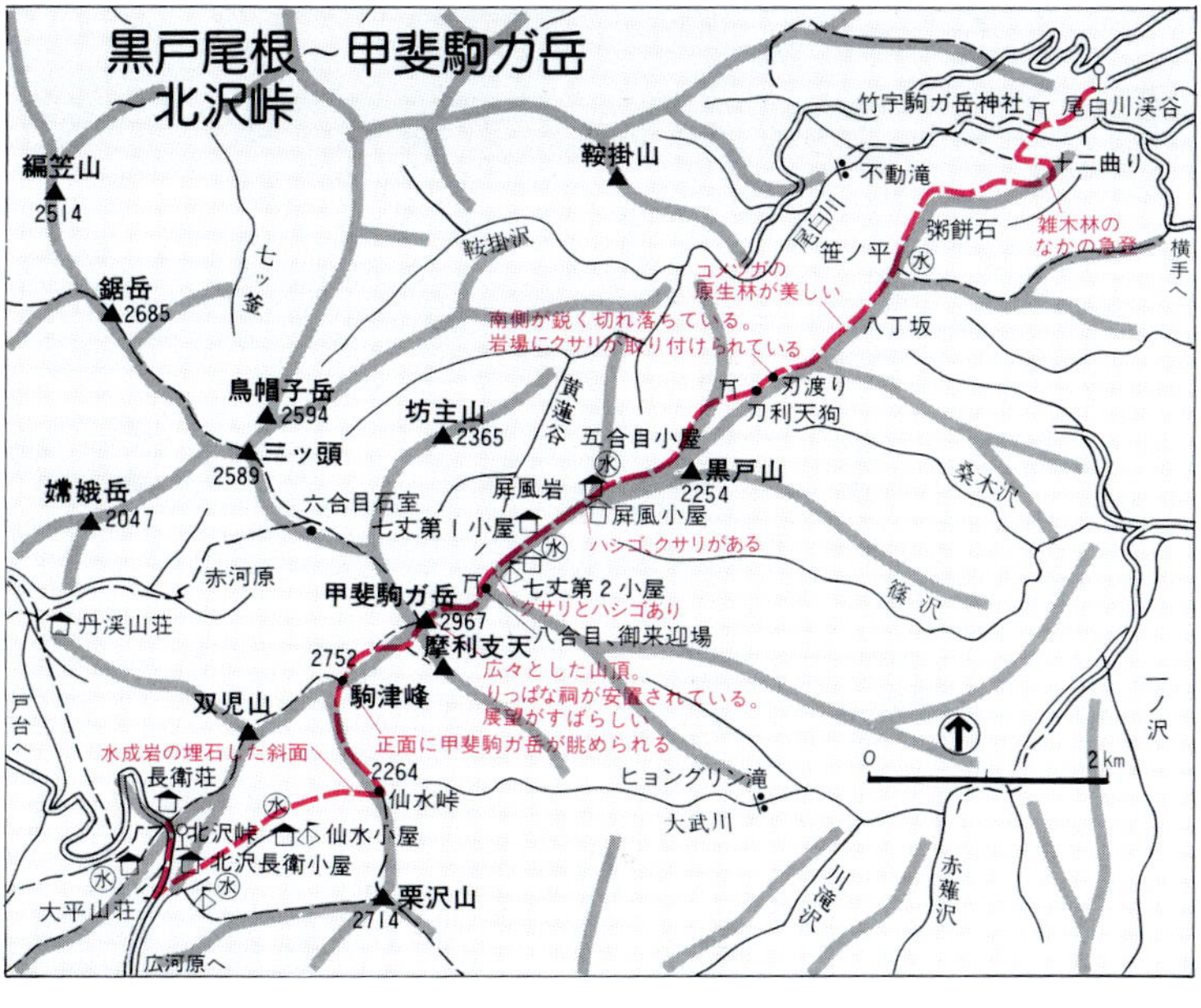

クシーを利用することになる。

※＊3　吊橋を渡った右岸には、渓谷周遊路が不動ノ滝の手前までのびている。一周1時間20分ほどのコースで、ふたたび黒戸尾根上の登山道にもどってくる周遊路になっている。

険しい黒戸尾根に立つ七丈第1小屋

木の桟橋を渡って七合目へ

八合目御来迎場には立派な鳥居が立てられている

七合目から八合目にかけてはクサリやハシゴが次々と現れる

登山道が尾根上へと移り急登に変ると、八丁坂の登りがはじまる。展望はまったく期待できないので、しばらくは忍耐の登りに苦しめられよう。しかし、この付近は原生林の重厚な雰囲気が強く感じられるところなので、南アルプスのよさを肌で感じながらあせらずに一歩一歩登りたい。

尾根の傾斜が緩くなりはじめると、樹間から夏の強い日差しが漏れてくる。天部をおおっていた濃い緑が青空に変ると、最初の難所・刃渡り[*7]に着く。ヤセた一枚岩の岩稜にはクサリが固定されているが、気をゆるめずに通過しよう。岩が濡れていたり、強風時にはバランスを崩さないように慎重に登りたい。

◆＊4　標高が低いため、広葉樹林を中心とした雑木林の急斜面を登る。山腹から尾根らしいところに取り付くまで1時間ほどだ。

❖＊5　甲斐駒ガ岳開山の行者が修行の間、粥と餅しか口にしなかったことに由来している。以前は登山道に「護摩の間」「水晶の間」など修行をしのばせる地名が残っていたが、今では当時をしのばせる地名は消えてしまった。初夏のころは水量が多いが、秋になると水量が少なくなる。以前から比べると、徐々に水量が少なくなっているようだ。

◆＊6　横手駒ガ岳神社から笹ノ平まで登山道が付けられている。明るい広葉樹林帯の道

黒戸尾根上部から甲斐駒ガ岳を望む。花崗岩の山頂が美しい

八合目付近にもクサリ場があるが、足もとは安定している

ハシゴを伝って先に進むと、樹林に囲まれた刀利天狗に着く。「黒砥山刀利天狗」[*8]と彫られた石碑や祠がいくつも置かれ、信仰登山の名残が伝わってくる。黒戸尾根は北沢峠方面からのコースと異なり、小休止していても行き交う登山者は極端に少ない。この先は七合目まで展望は期待できない。夏山では登山口で晴れていても、この付近まで登ると乳白色のガスにつつまれていることが多い。

やがて黒戸山に着くが、黒戸山[*9]は尾根の北側を巻くようにしてたどる。五合目までは急登を忘れてのんびりと歩けるところだ。

五合目[*10]小屋は屏風岩との鞍部に位置する小屋である。裏手には水場があり、空になった水筒を満たせる。七合目の七丈第1小屋まではハードな急登が1時間ほど残っている。体調が思わしくないときや時間が遅いときには五合目小屋に泊まったほうがよい。五合目まで頑張った疲れをいやすためにも、ゆっくり休んでから出発しよう。

七合目の七丈第1小屋までは黒戸尾根の難所[*11]が次々と現れる。岩壁を越えるため、ハシゴやクサリが多い。荒れつつある屏風小屋を見送り、屏風岩を乗り越えると、続

★山小屋主人のコース・メモ②

七丈第1小屋
宮下隆英

ハードでしかもロングコースなので、時間的余裕をもって計画をして下さい。登山口の竹宇駒ガ岳神社は、遅くとも午前6時には出発するように。また、小屋には午後1時から2時ごろまでに到着するようにして下さい。七合目まで登ると展望が開け、さらに八合目御来迎場まで足をのばせば八ガ岳、北アルプス、鳳凰三山、金峰山などの眺めがすばらしく、感激することでしょう。コースの難所にはクサリ、ハシゴがしっかりと固定されているので心配はありません。逆コースのときは北沢峠に1泊すれば翌日下山できます。

であるが、横手バス停から笹ノ平まで3時間ほどの行程。下りは約2時間の行程。8月25日以降に黒戸尾根を下山する場合は、横手から韮崎駅行きのバスに乗る。

◆＊7　花崗岩の一枚岩の難所。両側に鋭く切れ落ちているため、初心者には恐しいところであったが、クサリが固定されたので、安心して登れる。地名ほどの緊張感はなくなったが、油断は禁物。下山時にはとくに注意したい。

甲斐駒ガ岳から望む北岳と、早川尾根。緑深き南アルプスの山肌が印象的だ

六方石から駒津峰へ。巨大な花崗岩の間をたどる

❈*8　駒ケ嶽教として信仰登山が定着したのは江戸時代のことといわれている。講を組んで白装束に身をつつんだ先達が、信者を引きつれて案内した。現在残っている石碑などから判断すると、明治、大正時代に最も盛んに登られていたが、昭和に入ってからは信仰登山は途絶えている。

ハイマツに囲まれたヤセ尾根をたどり駒津峰へ

いて不動岩が行く手に立ちはだかる。降雨時で岩やクサリが濡れているときは、充分に注意したい。パーティの中で疲れているメンバーがいるときは、コースタイム以上に時間がかかるところだ。不動岩を越え、岩場をたどれば、やがて尾根の右側に七丈[*12]第1小屋が現れる。小屋付近は展望が開けた好位置だ。第2小屋、テント場は少し登った地点にある。

第2日　七合目で迎える朝は清々しく気持がよい。甲斐駒ガ岳山頂までは約2時間20分の行程だ。七丈第1小屋をあとに八合目の御来迎場に向かう。ダケカンバが多く、新緑はむろんのこと紅葉のころもみごとだ。七合目のキャンプ指定地を見送り、順調に登ると、森林限界に出るまではわずかの時間である。ハイマツ帯から東を見わたすと、奥秩父の山々や八ガ岳が斜光で輝いているのが眺められる。早朝の張りつめた空気の中での登りはピッチもあがり爽かだ。

七丈第1小屋を出発して約1時間で八合目の御来迎場に立てる。正面には甲斐駒ガ岳の山頂が顔を見せてくれよう。八合目[*13]は展望のよさとともに大きな鳥居や石碑には驚かされる。八合目より上部はハイマツと花崗岩がミックスした高山帯だ。大気がクリアなときだけに視野に入る山々が、ひとつひとつはっきりと確認できる。この大自然の美しさに接したとき、山に登った充実感が味わえる。

クサリが取り付けられた岩場を通過するが、問題はない。頂上にある祠が眺められると山頂までは近い。左前方には荒々しい岩壁が大迫力で眺められる。岩に立てられた剣や石碑を見て、北沢峠からの登山道に合流する。

砂礫の道をたどると待望の甲斐駒ガ岳[*14]に立つ。人気がある山だけに、広々とした山頂には絶景を楽しむ登山者が多い。信仰の山らしく立派な祠が安置されている。北岳、仙丈《せんじょう》ガ岳、早川《はやかわ》尾根、富士山を眺めている

◆*9　黒戸山は標高2253・7メートル、登山口から山頂までの7割近い高度をかせいだことになる。黒戸山は山頂を通らずに北側を巻く。急登や難所から開放されて気が安まるところだ。

◆*10　登山口を6時ぐらいに出発しても、年輩者やペースが遅い人は五合目までが限度である。体力に自信がある人は七合目まで楽に登れるが、状況に応じて五合目小屋に泊まるようにしよう。小屋の営業期間は7月10日〜10月中旬。五合目屛風小屋はほとんど使用されず、荒廃しつつある。

◆*11　岩壁にはクサリやハシゴが固定されているのでそれほど心配はない。刃渡りから八合目にかけて何箇所も岩場が現れるが、恐れずに登りたい。ハシゴやクサリは、登りよりも下降時に転落しないように慎重に行動する。とくに雨が降ったあとなど岩が濡れているときには注意しよう。

※*12　比較的新しい小屋で、急登の疲れがいやせるところだ。水は不自由なく使用できるのでありがたい。七丈第1小屋のすぐ上には、第2小屋がある。10月10日まで営業している。第2小屋は営業期間外は開放される。

八合目から九合目付近の岩場

甲斐駒ガ岳を振り返って見る。花崗岩の白さが目立つ

●＊13　信仰登山の面影が強く残っているところで、すばらしい眺望が期待できる。日の出前までに八合目に登っておくと荘厳な一瞬を自分の目で楽しめる。

●＊14　３０００㍍に満たない山であるが、南アルプスでは北岳に次いで人気がある。人気の秘密は、ピラミダルな山容、アルペン的な要素と山頂からの景観がすばらしい点にある。

◆＊15　下山時はスリップしやすいので注意したい。砂礫の斜面には甲斐駒ガ岳では数少ない高山植物のタカネツメクサが咲いている。

◆＊16　仙水峠を経て北沢峠に至るコースは北沢峠からの登路にも利用されるため、行き交う登山者が多い。登り優先の気配りを忘れずに下山しよう。

◆＊17　それぞれの村営バスは、夏山シーズン中でも本数が少ないので、必ず運行時刻を確認してから入山するようにしよう。日程に余裕があれば、北沢峠に１泊してもよい。

右：広々とした円頂の駒津峰は絶好の休憩地となっている
下：駒津峰をあとに仙水峠へと下る

と、前日に竹宇駒ガ岳神社から登りはじめて、2200メートルを登りきった喜びがジワリと湧いてくるだろう。時間が許す限り山頂でゆっくりしたい。北沢峠方面からの登山者が山頂に到着する時刻は、たいてい9時以降になる。

北沢峠への下山は摩利支天《まりしてん》方面に進み、砂礫の[*15]斜面を下る。花崗岩を前景に鳳凰《ほうおう》三山と北岳、富士山がみごとな景観だ。スリップしやすい斜面を右に回り込むようにしてゆっくり下降する。六方石まで下り、ハイマツにおおわれたヤセ尾根を登り返すと、駒津峰に到着。振り返ると花崗岩の白さと荒々しさが印象深い甲斐駒ガ岳が見られる。仙丈ガ岳を眺めながら西に進むと双児山を経て北沢峠へ行ける。

駒津峰からは南に折れ、仙水峠へ急[*16]下降する。樹林帯を抜け出た鞍部が仙水峠、ここから眺める摩利支天は圧巻だ。岩塊が堆積した斜面を下り、仙水小屋を経てヤナギランが咲く北沢長衛小屋までは50分ほどの行程。河原にはテント村が見られ、シーズン中は登山者の姿が絶えることはない。北沢長衛小屋から北沢峠のバス停までは15分ほどだ。北沢峠から広河原、戸台口まで[*17]村営バスが運行されている。

◆北沢峠〜甲斐駒ガ岳〜黒戸尾根

北沢峠から甲斐駒ガ岳に登り、黒戸尾根を下降するコースは１日行程だ。前日は北沢峠周辺に泊まり、当日は早朝から行動できるようにしたい。北沢峠から仙水峠までは北沢沿いに登る。仙水峠を出発すると駒津峰までは急登が連続。六方石からは砂礫の斜面を経て甲斐駒ガ岳山頂へ。

黒戸尾根は行程が長いので、午前10時前に山頂を出発しよう。黒戸尾根に入ると登山者は極端に少なくなり、落ち着いて下れる。花崗岩の間を通って八合目の御来迎場へ。正面に八ガ岳や奥秩父の山々が広がって眺められる。七合目から五合目までは不動岩、屏風岩の岩壁を下る難所だ。クサリなどがガッチリと固定されているので、恐れずに安心して下りたい。

五合目では空になった水筒の補給ができる。刀利天狗付近はヤセ尾根で注意したい地点だ。刃渡りは花崗岩の鋭い岩稜。バランスを崩さないようにして下る。降雨直後など岩やクサリが濡れているときは滑りやすいので注意しよう。竹宇駒ガ岳神社まで長い樹林帯の尾根を下降する。北沢峠から甲斐駒ガ岳まで約4時間20分、甲斐駒ガ岳から竹宇駒ガ岳神社までは5時間40分ほどの行程だ。

8 藪沢新道~仙丈ガ岳~小仙丈尾根

可憐な花を愛でながら〝南アルプスの女王〟を訪ねる山旅

★★

第2日／北沢峠（10分）大平山荘（2時間30分）馬ノ背ヒュッテ（1時間30分）仙丈ガ岳（40分）小仙丈ガ岳（40分）五合目（1時間20分）北沢峠

日程＝1泊2日
歩行距離＝13.5キロ
歩行時間＝6時間50分

5万図＝市野瀬、2万5000図＝仙丈ケ岳

大平山荘の右側より藪沢新道がはじまる

新緑のころは広葉樹林が美しい

仙丈《せんじょう》ガ岳は優美な山容を高山植物に彩られた女性的な山である。頂稜部には氷河期の名残のカール*1が見られる。また、山頂からは小仙丈《こせんじょう》、馬《うま》ノ背《せ》、仙塩《せんしお》など四方に雄大な尾根が派生し、いずれも登山の対象になっている。7月上旬、残雪が消えた尾根路やカールにはキバナシャクナゲ、シナノキンバイ、クロユリなどの高山植物が咲き、みごとな美しさだ。仙丈ガ岳は山小屋やコース中の指導標がよく整備され、岩場などとくに危険なところもなく、初心者でも安心して登れる３０００メートル級の山である。ここで紹介するコース*2は藪沢《やぶさわ》新道から馬ノ背を経て仙丈ガ岳に登り、下山には小仙丈尾根をたどる。第1日は北沢峠に泊まるとよい。

第2日　登山者でにぎわう北沢《きたざわ》峠から長野側に向かう。北沢峠*3は樹齢数百年のコメツガ、シラビソが茂り、国立公園第一種特別保護地区に指定されている。新緑のころのみならず、紅葉のころも静かで美しい。季節を変えて訪れたいところだ。林道から登山道に入り、少し下ったところに大平山荘が立っている。大平山荘は林道のすぐわきに位置する昔ながらの素朴な小屋だ。周辺は

★山小屋主人のコース・メモ①

大平山荘
竹澤信幸

仙丈ガ岳への登頂コースとしては最も短時間で登れます。うっそうとした樹林帯にはカラマツなどの広葉樹林も多く、新緑のころは美しい光景が見られます。前日に北沢峠に入り、大平山荘を早朝に出発すれば、馬ノ背や藪沢カールの底できれいに咲く高山植物の数々をゆっくり楽しみながら登ることができるでしょう。沢に沿ったコースは登山者が多く、迷ったり、転落したりする危険なところはありません。ただし、7月上旬は藪沢は雪渓が残っているので、スリップしないように充分な注意が必要です。

❖*1　氷河期に斜面に堆積した厚い氷が小さな岩をまき込みながら、下の岩を削って何万年もかかりできた椀状の谷・圏谷。カールの末端に氷と共に運ばれた岩が積り、モレーン(堆石地形)を形成した。藪沢にも仙丈避難小屋のすぐ上にループ状のターミナル・モレーンが確認できる。

◆*2　コース、日程の組み方はいくつか考えられるが、花を楽しむにはここで紹介するコースがベスト。東京を早朝出発して第1日

藪沢新道から眺める甲斐駒ガ岳。７月中旬まで残雪が見られる

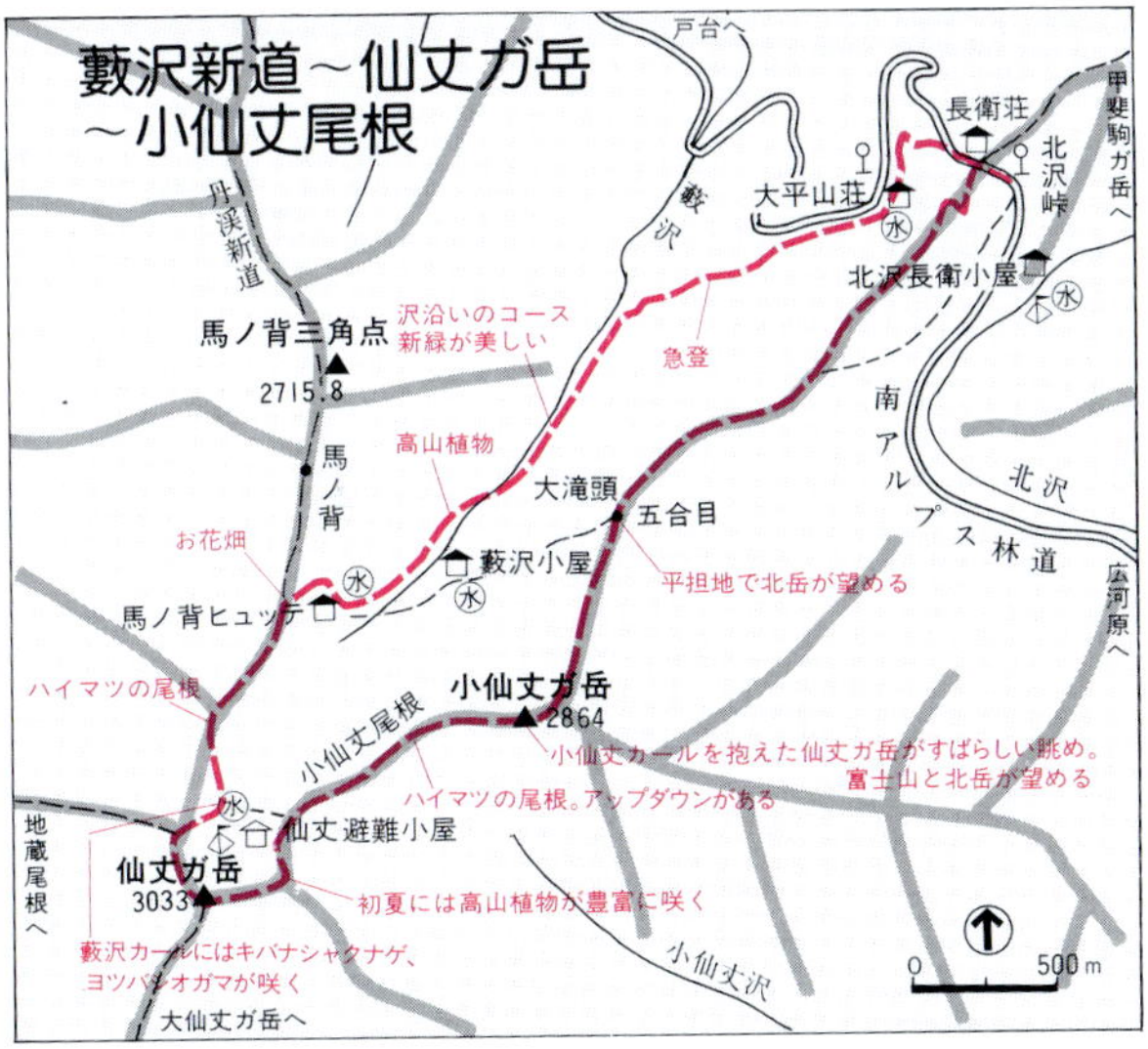

目に馬ノ背ヒュッテに泊まってもよい。また、北沢峠をベースにして甲斐駒ガ岳と合わせて山行を計画すると効率的だ。

❖＊3　昭和42年に着工し、一時ストップした南アルプス林道は昭和55年6月に開通した。自然保護のため一般車の乗入れは禁止されている。林道開通後の北沢峠周辺は、戸台口、広河原からそれぞれ村営バスが出ているので、長い距離を歩かずに多くの人が静寂幽玄な自然に親しめるようになった。喜ばしいことで

上：藪沢新道上部の指導標
右：堂々とした木造りの馬ノ背ヒュッテ。周辺にはお花畑が多い

北沢峠から10分ほど離れているだけだが静かである。

藪沢新道[*4]は大平山荘の右手から登山道に入り、山腹を斜上する。傾斜は緩く、南アルプスの雰囲気が漂う重厚な原生林は夏でもヒンヤリするほど涼しく、気持よく登れる。斜光で広葉樹林が輝く光景を眺めながら登る。急登がはじまると、すぐに大滝展望台[*5]への入口が現れるが踏跡は荒れているので、初心者は入らないようにしよう。木の根が張り出た急登は登りにくいが、この急登は長くは続かないので、しばらくの間辛抱しよう。休憩したくなるころ、傾斜が緩くなる。やがて樹林が疎になり、後方に双児山を垣間見ることができよう。

藪沢沿いの登山道[*6]は平坦で歩きやすい。7月上旬の新緑が萌えるころの藪沢沿いの光景は見ていると心が落ち着くだろう。藪沢は降雨直後を除けば水量は少ない。左岸に移り、高山植物に励まされて高度をかせぐ。初夏から盛夏にかけては、沢沿いのコースは瀬音と水シブキが感じられ気分爽快だ。後方にはV字谷から甲斐《かい》駒《こま》ガ岳が眺められる。

新緑のころは藪沢上部は残雪が多いので、軽アイゼンやストックがほしくなる。滑ら

はあるが、美しく素朴な自然が破壊されないように願いたい。また北沢峠の地名は仙水峠を源頭とする「北沢」が基になっている。

◆＊4　藪沢カールを源にもつ藪沢沿いの登山コースで、馬ノ背に出る。新緑、盛夏、紅葉と無積雪期であればいつでも季節に応じた魅力が楽しめる。小仙丈尾根の下山路としても利用される。

◆＊5　山腹をトラバース気味に進むと大滝が眺められるが、今日では立寄る登山者は少なく踏跡もわかりにくい。

◆＊6　右岸沿いの道は平坦で歩きやすいが、左岸に移ると傾斜がきつくなる。しかし、登るにつれて左岸の斜面には可憐な高山植物が多くなるので気分はよい。対岸には小さな沢が何本か流れ、涼しい山旅が楽しめる。

❊＊7　東京を早朝に出発すれば、その日のうちに北沢峠から馬ノ背ヒュッテまで登ることができる。

藪沢から見る小仙丈尾根

上：馬ノ背には初夏のころ、彩り美しい高山植物が次々に咲く
右：馬ノ背ヒュッテ付近から眺める仙丈ガ岳

ないように落ち着いてゆっくり歩こう。藪沢の谷が浅くなり両岸の山腹が迫ってくると、小仙丈尾根五合目からの登山道が合流。

五合目と馬ノ背を結ぶコースは入下山時に多く利用されるが、沢を横切る地点が険しいので注意しよう。また、途中には藪沢小屋があり、夏山シーズン中のみ素泊りで泊まれる。

●＊8　馬ノ背周辺は仙丈ガ岳の中でも花が最も多いところだ。7月上旬から下旬にかけて花の山旅が楽しめる。キバナシャクナゲにはじまり、シナノキンバイが散るまでが花の季節だ。稜線に出て馬ノ背三角点寄りにもお花畑が広がっている。

●＊9　馬ノ背尾根の上部から振り返ると、馬の背中のような形をした尾根がはっきりと確認できる。ハイマツ帯にダケカンバの巨木が生え、特徴ある景観を見せてくれよう。

仙丈ガ岳のお花畑

ハイマツに囲まれたお花畑に咲くシナノキンバイ、クロユリ、ミヤマキンポウゲ

7月上旬にはキバナシャクナゲが馬ノ背から藪沢カール底にかけて咲き乱れる

仙丈ガ岳のお花畑はおもに馬ノ背周辺と藪沢カール、仙丈ガ岳山頂から小仙丈尾根の3箇所で見られる。花の密度が濃いお花畑は馬ノ背に集中。藪沢新道を登り、左岸に移ると可憐な花が姿を見せはじめる。馬ノ背ヒュッテから斜面をたどるとシナノキンバイ、ウサギギク、タカネグンナイフウロなどが登山者を迎えてくれよう。馬ノ背に出るとお花畑が次々に現れみごと。初夏にはクロユリの群落が見られる。

藪沢カール周辺にはチングルマ、キバナシャクナゲ、ヨツバシオガマが一面に咲き乱れる。振り返ると、お花畑越しに見る甲斐駒ガ岳もすばらしい。

仙丈ガ岳山頂から小仙丈尾根にかけてはオヤマノエンドウ、チングルマ、イワオウギ、イワベンケイなどが広範囲にわたって咲いている。

上：高山植物が咲く尾根路をたどり、仙丈ガ岳を目指す
右：藪沢カール底は豊富な水が流れ、絶好のキャンプ指定地になっている
下：仙丈ガ岳山頂で展望を楽しむ

沢から離れるように右の斜面を登る。一面黄色に彩られた小さなお花畑を見ながら進むと、馬ノ背ヒュッテ[*7]の前に出る。ウッディな立派な小屋で、夏から秋にかけての週末は予約しなければ泊まれないほどだ。北沢峠からは2時間30分ほどの行程。この先、仙丈ガ岳までは1時間30分余り要するので小休止しよう。

馬ノ背ヒュッテからダケカンバ帯の斜面をたどる。前方には藪沢カールを頂上部に抱いた仙丈ガ岳が眺められよう。シナノキンバイ、クルマユリ、ハクサンフウロなど鮮かな花が登山道の両側に咲き乱れている。

馬ノ背に出ると、ハイマツに囲まれた小さなお花畑[*8]があちこちに見られる。初夏のころにはクルマユリの群落がみごとだ。7月初旬から中旬にかけてが花の山旅が楽しめるベストシーズン。

馬ノ背のお花畑は仙丈ガ岳周辺では最も花の密度が濃く美しいところだ。高山植物図鑑を片手に可憐な花をゆっくり観察しよう。しかし、多くの登山者がこのコースを利用し、馬ノ背周辺では登山道が広がり、お花畑を小さくしつつあるので登山者ひとりひとりが貴重な自然を守るようにしたい。

また、馬ノ背[*9]は正面に仙丈ガ岳、右側に北

仙丈ガ岳山頂をあとに小仙丈尾根を下る

小仙丈尾根上部から眺める仙丈ガ岳

アルプス、中央アルプスを望みつつ尾根歩きが楽しめる。

尾根から薮沢カールの底を目指して左に緩く登る。この付近には7月中旬までナナカマドが白い花を付けているのが見られる。後方には馬ノ背と甲斐駒ガ岳、鋸《のこぎり》岳のすばらしい光景が展開する。

カールの底には仙丈避難小屋[*10]があるので、緊急時には利用するとよい。小屋付近には冷い水が豊富に流れ、絶好のキャンプ地であるとともに休憩地になっている。周辺のお花畑にはキバナシャクナゲ、ヨツバシオガマが群落し、みごとだ。カールの底には氷河の名残であるモレーン（堆石地形）も確認できる。仙丈ガ岳と可憐な花を眺めながらゆっくり休憩したい。後方には馬ノ背のおおらかな尾根と、その背後にある荒々しい鋸岳の山稜も眺望できる。

岩屑の斜面に付けられた登山道は、足もとが崩れやすいので注意。踏跡を忠実にたどれば意外に短時間で稜線[*11]に出られる。稜線に出ると高山植物に迎えられ、ひと登りで仙丈ガ岳に着く。

3033㍍の仙丈ガ岳山頂[*12]は想像していたよりも狭く、山の大きさからは考えられないほどだ。山頂からは北《きた》岳をはじめ、鳳《ほう》凰《おう》三山、甲斐駒ガ岳、鋸岳、中央アルプスなどの山々を見わたすことができる。仙丈

★山小屋主人のコース・メモ②

馬ノ背ヒュッテ
上島恵理雄

馬ノ背から薮沢カールにかけては、7月中旬から8月初旬までキバナシャクナゲやクロユリが美しく咲きます。3033㍍の仙丈ガ岳山頂からの眺望は360度で、中央アルプス、北アルプス、南アルプスなどが一望できます。コースはとくに危険なところがなく年輩者、女性でも安心して登れるでしょう。初夏のころ、沢を登るときには残雪があるので注意して下さい。また薮沢カールは南アルプスの中の代表的なカールです。なお、午後の3時以降には夕立ちがあるので、早めに行動を切りあげて下さい。

◈*10　2棟立っているが、片方の小屋は手入れがされているので緊急時に充分利用できる。30人ほど収容可能。管理は長谷村役場商工観光課。

◆*11　稜線に出て左にわずかの距離で仙丈ガ岳山頂。右に向かうと地蔵尾根方面。逆コースのときは間違えて地蔵尾根に迷い込まないようにしよう。地蔵尾根は松峰小屋（無人）があるが、下山する登山者はほとんど見られない。

五合目から北沢峠まで樹林帯の急下降が連続する

北沢峠はツガやシラビソの原生林に囲まれた峠

❖＊12　山頂は狭いが小仙丈ガ岳方面には凹地があり、強風などを避けて休憩することができる。初夏のころは山頂付近にはオヤマノエンドウ、ミヤマキンバイが咲き乱れている。

◆＊13　仙丈ガ岳と塩見岳を結ぶ尾根で、本格派向きの登山コースになっている。下山時に間違える人がいるので、荒天時には注意したい。

●＊14　小仙丈ガ岳は仙丈ガ岳の展望台としてはピカ一の地点。四季を通じて多くのカメラマンが三脚を構えている。北岳や甲斐駒ガ岳の眺望もすばらしい。

小仙丈ガ岳からは〝南アルプスの女王〟と呼ばれる仙丈ガ岳がおおらかに眺められる。カールを抱えた姿が美しい

ガ岳は登りやすいため女性や年輩者も多く、シーズン中の山頂はいつも人の姿が絶えることがない。

　下山は山頂から東にのびる小仙丈尾根から下る。見通しが悪いときには間違って南に派生する仙塩尾根*13に入らないように注意しよう。山頂直下のピークをトラバース気味に左に進む。正面に甲斐駒ガ岳を見ながらハイマツの尾根をゆっくり下る。右下に小仙丈カール、左下に藪沢カールが見下ろせる。途中で左に分かれるコースは、仙丈避難小屋へ通じている。小仙丈尾根は広々としたハイマツの尾根で、行き交う登山者が多い。

　岩場らしきところを登ると、2855メートルの小仙丈ガ岳*14だ。小仙丈ガ岳から眺める仙丈ガ岳の山容は、おおらかで気品がある。カメラを取り出して仙丈ガ岳の代表的な光景をねらいたい。また、北岳方面に目を移すと、北岳の鋭いピークと富士山が並んで眺められる。

　ハイマツ帯を下って樹林帯に入り五合目へ。樹林帯はかなり急下降が連続するので、あせらずにゆっくり下りたい。五合目から北沢峠まで1時間20分ほどの行程だ。二合目から北沢長衛小屋方面へのコースが分かれている。どちらから下っても時間的に大差なく北沢峠に着くことができる。ここではまっすぐ北沢峠に向かうが、北沢長衛小屋方面へのトラバース道は途中で北岳方面の眺めがよい。また、傾斜も緩いので歩きやすいだろう。

　北沢峠からその日のうちに下山するときには、広河原、戸台のどちらかに向かう場合もバス時刻を調べておくことを忘れずに。いずれの村営バスも午後は2便ほどしかない。

◆小仙丈尾根〜仙丈ガ岳〜藪沢新道

　小仙丈尾根から登り藪沢新道を下るコースは展望が主体となる。歩行時間は逆コースにしても大差はない。北沢峠から五合目まで原生林の急登が連続し、苦しいところだ。五合目からワンピッチも登れば森林限界を抜けハイマツ帯に出る。広々としたハイマツ帯から小仙丈ガ岳はわずかの距離だ。小仙丈ガ岳からは朝の斜光で輝く仙丈ガ岳がすばらしい。小仙丈ガ岳から仙丈ガ岳までは明るいハイマツの尾根路が連続し、高山植物も楽しめる。また、北岳と富士山が並んで眺められる。北沢峠から仙丈ガ岳まで4時間ほどの行程。

　仙丈ガ岳から岩屑の斜面を下る。眼下にカール、正面に甲斐駒ガ岳と鋸岳を眺望しつつ、馬ノ背尾根を下る。ハイマツ帯をたどり馬ノ背へ。ミヤマキンポウゲ、シナノキンバイの群落が何箇所も見られる。藪沢新道は部分的に下りにくいところもあるがとくに問題はない。大平山荘から北沢峠まで登り返してフィナーレとなる。仙丈ガ岳から北沢峠までは3時間ほど。

ハイマツ帯の尾根をたどり小仙丈ガ岳へ

9 仙水峠～早川尾根～御座石温泉

展望の尾根から静寂な原生林の尾根をたどり、下山は御座石温泉へ

日程＝1泊2日
歩行距離＝第1日／13キロ
第2日／15.5キロ
歩行時間＝第1日／6時間
第2日／7時間10分

★★

第1日／北沢峠（40分）仙水小屋（40分）仙水峠（1時間30分）栗沢山（1時間10分）アサヨ峰（2時間）早川尾根小屋
第2日／早川尾根小屋（1時間30分）白鳳峠（1時間40分）赤抜沢ノ頭（40分）鳳凰小屋（1時間20分）燕頭山（2時間）御座石温泉

5万図＝市野瀬・韮崎、2万5000図＝仙丈ケ岳・甲斐駒ケ岳・長坂上条・鳳凰山

登山者でにぎわう仙水小屋

早川《はやかわ》尾根*1は訪れる登山者が少なく、静かな山歩きが楽しめる山域だ。栗沢《くりさわ》山とアサヨ峰は甲斐《かい》駒《こま》ガ岳、北《きた》岳の眺望がすばらしく、早川尾根ノ頭から白鳳峠間は緑濃い原生林が魅力的である。ここでは北沢《きたざわ》峠から入山し、早川尾根を縦走して御座石《ございし》温泉に下山する2日間のコースを案内する。

第1日　広河原《ひろがわら》を始発*2バスに乗ると9時25分に北沢峠に着く。身支度を整えてさっそく仙水《せんすい》峠に向かう。早朝にはにぎわう北沢長衛小屋前のキャンプ場も10時に近い時刻には閑散としている。北沢長衛小屋から仙水峠までは1時間10分の行程。詳細はP・57～59を参照のこと。

仙水峠から右に折れ、樹林帯*3に入る。汗が流れる前に樹林帯を抜けハイマツ帯に出る。岩の上から駒津《こまつ》峰方面を眺めると摩利《まり》支《し》天《てん》の巨大な岩壁が大迫力。ダケカンバが点在するハイマツ帯の左端を一直線に登ると、栗沢山のピークがグイグイと近づいてくる。左前方には鳳凰《ほうおう》三山の地蔵《じぞう》ガ岳が特

★山小屋主人のコース・メモ①

早川尾根小屋
中田隆夫

早川尾根は静かな樹林帯と展望のすばらしさがポイント。とくに危険なところがないので、安心して登れるでしょう。北沢峠から仙水峠を経て栗沢山に登ると、甲斐駒ガ岳の山容が印象的です。また、アサヨ峰、赤薙沢ノ頭など樹林帯から頭を出したピークに立つと、北岳が美しい山容を見せてくれます。小屋の前からも北岳が眺められます。小屋の下のキャンプ場には涸れることのない水が湧き、登山者には好評です。北沢峠からのんびりと歩いてくれば、南アルプスらしい夏山の一日が楽しめます。

❖*1　早川尾根は甲斐駒ガ岳と鳳凰三山の間に横たわる地味な山塊である。目立つ存在の山がないため、一般登山者に敬遠されてきた。最近は、鳳凰三山と組合わせて縦走する登山者が多い。北沢峠を早朝出発すれば、白鳳峠から広河原に1日行程でゆっくり下れる。

❖*2　戸台口の始発バスは夏山シーズン中は6時25分。広河原から入山するよりも2時間早く北沢峠に着ける。

◆*3　仙水峠から栗沢山までは450メートルの

アサヨ峰の山頂

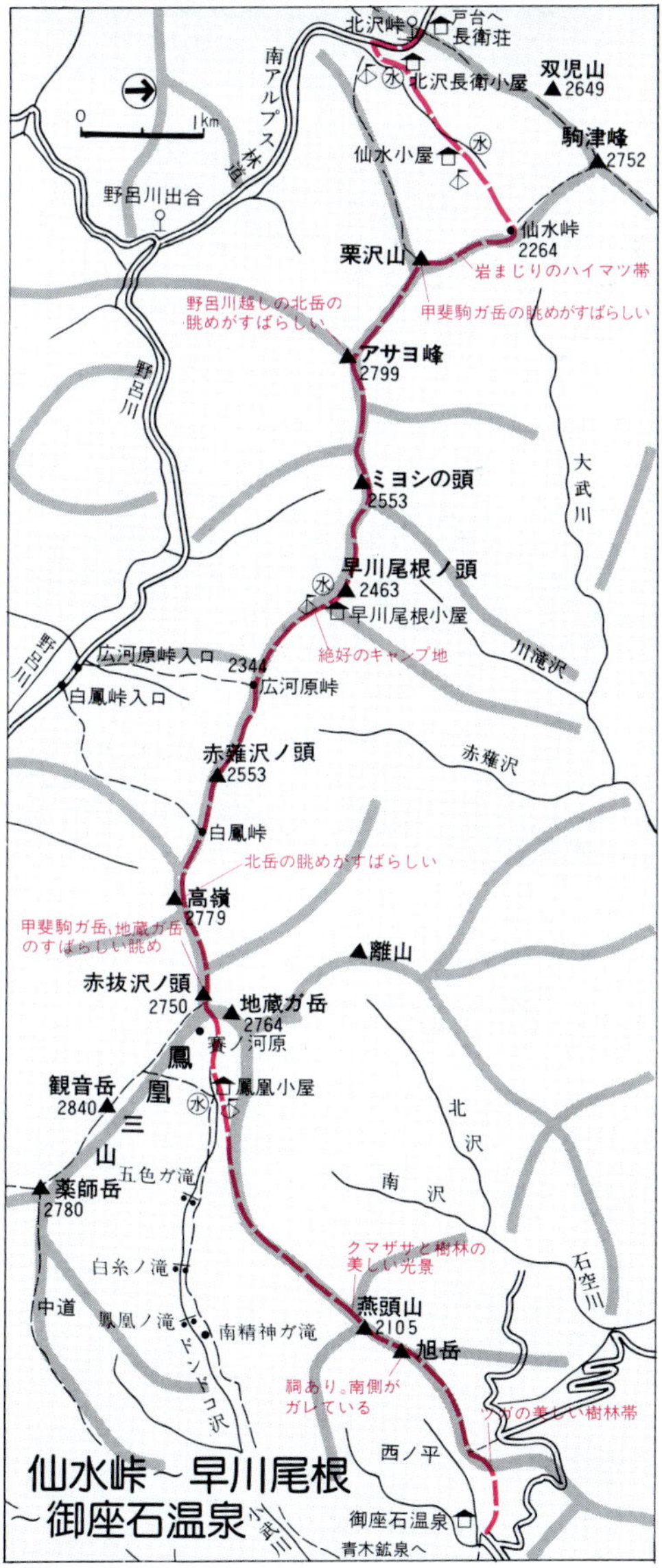

仙水峠〜早川尾根〜御座石温泉

栗沢山から眺める甲斐駒ガ岳のダイナミックな山容

標高差を登る。20分ほどで樹林帯を抜け出ることができる。ハイマツ帯は登山道がしっかりしているので登りやすい。

●＊4　栗沢山は甲斐駒ガ岳とまぢかに対峙。山頂に立つと高度感あふれる甲斐駒ガ岳が眺められる。仙水峠から近いこともあり、多くの登山者やカメラマンがこの山頂を訪れている。北沢長衛小屋から栗沢山に直登するコースもあり、2時間ほどの行程だ。

◆＊5　ハイマツに囲まれた岩尾根でやや緩く登る。右奥に仙丈ガ岳と仙塩尾根を望み、左奥には鳳凰三山や奥秩父の山々を望みつつ楽しく歩ける。

❊＊6　2799㍍で早川尾根の最高峰。浅

徴的なオベリスクを見せてくれよう。小さな岩を乗り越えると、早川尾根北端の頂・栗沢山[*4]に着く。

栗沢山の魅力は大武川の谷間から屹立する甲斐駒ガ岳の景観である。均整のとれた美しいピラミッド・甲斐駒ガ岳を望める絶好の展望台だ。栗沢山とアサヨ峰間は展望がよく、早川尾根の核心部[*5]といえるところだ。眺望を楽しみながらアップダウンのない岩尾根をたどる。夏山シーズン中でも登山者が少なく静かな山域だ。

早川尾根の最高峰・アサヨ峰[*6]からは北岳のすばらしい光景が野呂《のろ》川越しに眺められる。また、足もとから鳳凰三山へと連なる早川尾根や富士山の景観は、いつまでも眺めていたくなるほど。アサヨ峰から先は原生林の魅力が楽しめる山域だ。

主稜はアサヨ峰で鋭く東にカーブして、ミヨシの頭との鞍部まで急下降する。ダケカンバ越しの甲斐駒ガ岳がみごとな美しさだ。鞍部から登り返し、ミヨシの頭を通過する。初夏のころは尾根にはハクサンシャクナゲが彩りを添えてくれよう。小ピークを越え、樹林帯へと突入する。歩きやすい登山道を一気に下る。樹林の小ピーク・早川尾根ノ頭[*7]を経て早川尾根小屋[*8]に着く。小屋

上：アサヨ峰は絶好の展望台で、早川尾根や鳳凰三山、富士山が印象的
左：素朴な早川尾根小屋

広河原峠付近の樹林帯は登山者が少なくのんびりと歩ける

★山小屋主人のコース・メモ②

鳳凰小屋
細田倖市

地蔵ガ岳周辺には高山植物が多く、7月末から8月末にかけてタカネビランジやホウオウシャジンが咲きます。7月中旬にはキバナノアツモリソウも見られます。地蔵ガ岳から鳳凰小屋を経て御座石温泉に下る登山道は、年輩者にはきついので登りに利用した方がよいでしょう。年輩者は通常のコースタイムよりも多く時間がかかるので、充分時間をとって下さい。赤抜沢ノ頭からの北岳、甲斐駒ガ岳、地蔵ガ岳のオベリスクなどすばらしい展望が期待できます。鳳凰小屋は水が豊富で、ゆっくり泊まることができます。

夜峠または朝与峰とも書く。
◆*7　早川尾根ノ頭は樹林帯のピークで目立たない。注意しなければ通過してしまうところで、下るとすぐに早川尾根小屋がある。
◆*8　尾根の西側に立っている。樹林が開け北岳方面の展望がよい。
◆*9　樹林帯を下るが、あまり歩かれていないので踏跡がわかりにくいところもある。西広河原沢に近づくと崩壊したところがあり、コースが一部変っているので注意しよう。

赤薙沢ノ頭はピラミダルな北岳の美しい山容が見られるポイントだ。わずかに下れば白鳳峠に着く

の一段下った平坦地がキャンプ指定地で、稜線上では貴重な清水が流れているところだ。

第2日　小屋の前から明けゆく北岳を眺めて出発しよう。樹林の尾根を緩く下り、北岳の好展望地を通過すれば広河原峠は近い。広河原峠はうっそうとした峠で、広河原への*9下山コースが分岐している。

白鳳峠へは稜線を進み、登り返す。静寂な樹林帯は南アルプスの素朴な自然が肌で感じられるところだ。やがて、露岩の展望地・赤薙《あかなぎ》沢ノ頭に立つ。北岳を筆頭に周辺の山々が一望できる。樹林を15分ほど下ると「ハクホウ」と優美な地名の白鳳《はくほう》峠*10に着く。右に分ける登山道を進むと、北岳の雄姿を眺めながら広河原へ下れる。約2時間30分ほどの行程だ。

小休止のあと、分岐を見送り主稜をそのまま直進する。広々としたハイマツの斜面を泳ぐように登る。徐々に急になるが、白鳳峠から約1時間で高嶺《たかみね》の頂に立てる。高嶺の魅力は大樺沢《おおかんばさわ》が正面から眺められる好位置にあること。北岳と大樺沢のバランスのとれた光景がすばらしい。また、花崗岩の山塊・鳳凰三山がまぢかに迫って望める。早川尾根最後のピークに別れを告げ、ヤセ

赤抜沢ノ頭から見た地蔵ガ岳。オベリスクのある独特の山容が印象的

★山小屋主人のコース・メモ③

御座石温泉
細田芳文

鳳凰小屋から御座石温泉に下る登山道はよく整備されています。危険なところはほとんどないので、安心して歩くことができるでしょう。また、本コースの燕頭山周辺にはキノコ類が多く、マツタケを採ることができます。さらに、植物や鳥などの種類が多く、楽しみながら下ることができるでしょう。旭岳からは八ガ岳や甲斐駒ガ岳のすばらしい眺望が得られます。一般的には燕頭山コースは登りに利用した方が楽で、楽しく歩けます。

四季を通して、美しい樹林帯と雄大な展望を満喫できるでしょう。

●＊10　峠から広河原方面に下ったところに岩塊の斜面が広がり、北岳の眺めがすばらしい。峠そのものは展望は悪い。

●＊11　地蔵ガ岳、北岳、甲斐駒ガ岳の好展望台。とくに地蔵ガ岳のバランスのとれたオベリスクが印象的。花崗岩の項で西側は鋭く切れ落ちている。

❊＊12　キキョウ科の多年草で、高山帯の岩場に生息する。茎は垂れ下り、細い葉が特徴。鳳凰三山の特産種。

POST CARD

切手を
お貼り
下さい

105-00

東京都港区芝大門1-1-33

山と溪谷社

書籍愛読者アンケート係 行

ふりがな					
ご住所	〒				
ふりがな		Tel.			
お名前					
男・女	歳	職業			
趣味	❶	年間予算	円	趣味歴	年
	❷		円		年

本書を何でお知りになりましたか？　A. 新聞　B. 雑誌　C. 車内吊り　D. 小社雑誌　E. 小社案内　F. ラジオ　G. T V　H. 書店で　I. 知人から　J. その他

いつ、どこで買いましたか？　年　月　日　A. ターミナル店　B. 自宅近く　C. 会社，学校近く　D. 郊外店　E. その他

ご購読新聞名		ご購読雑誌名	

本誌ご購入の動機は？

中西俊明・著　　③—170660

書名　北岳を歩く

■本書のご感想

■小社出版物のテーマにどんなものをお望みですか？

■小社に対するご希望・ご意見など

地蔵ガ岳と赤抜沢ノ頭の鞍部が賽ノ河原。子宝を願う地蔵尊が数多く安置されている

尾根を下る。白砂の鞍部からひと登りで、早川尾根から鳳凰三山の一角に踏み込む。

地蔵岳のオベリスクが正面に対峙できる地点が赤抜《あかぬけ》沢*11ノ頭だ。山頂からの北岳や甲斐駒ガ岳の雄姿がすばらしい。広々とした山頂で景観を楽しみながらゆっくり休憩しよう。右に岩尾根を進めば観音岳方面へ。左の地蔵ガ岳方面に下り、賽ノ河原に出る。赤薙沢から吹き抜ける強風に耐える地蔵尊が印象的だ。賽ノ河原から見上げる地蔵ガ岳は、バランスよい山容が神秘的な美しさである。地蔵ガ岳の基部まで登ることができる。

ホウオウシャジン*12の可憐な花を見つけながら白ザレの斜面を下る。新緑のころはダケカンバ越しに眺める地蔵ガ岳が実に美しい。樹林帯を抜ければ鳳凰小屋の前に出る。小屋の前から右の分岐を行くと、ドンドコ沢から青木鉱泉へ下れる。

右：縦走のフィナーレの御座石温泉
上：ササに囲まれた燕頭山は平坦で休憩に適している

御座石温泉へはテント場の横を通り、尾根の南斜面をたどる。よく整備された登山道で、年輩者でも安心して下れる。いつしか尾根の北側に移り、ツガなどの原生林を見ながらのんびりと歩く。ときどき樹間から八ガ岳方面が眺められる。クマザサが茂った平坦な山頂が燕頭山*13で、鳳凰小屋から1時間20分ほどの行程。腰をおろしてゆっくりと休みたいところだ。樹間からは観音岳、薬師岳方面の稜線が眺められる。

斜面が崩壊した地点を慎重に通過し、旭《あさひ》岳へと進む。この付近は尾根の右側が部分的に鋭く切れ落ちているので注意しよう。傾斜が徐々に急になり広葉樹林の中をうんざりするほど下る。やがて西ノ平*14を経て御座石温泉に着く。御座石温泉では、2日間の汗を温泉で流して、専用のマイクロバス(有料)でJR線の穴山駅まで送ってもらえる。

◈*13 平坦な山頂で実に気持よいところ。クマザサと樹林がバランスよく生えている。

◆*14 西ノ平から北精進ノ滝方面の分岐があるが、ほとんど歩かれていない。

10

夜叉神峠～鳳凰三山～青木鉱泉

白峰三山の展望と豪快な滝が楽しめる南アルプス縦走入門コース

★★

第1日／夜叉神峠登山口（1時間）夜叉神峠（2時間）杖立峠（2時間40分）南御室小屋（1時間20分）薬師岳

第2日／薬師岳（50分）観音岳（1時間）赤抜沢ノ頭（40分）鳳凰小屋（2時間10分）南精進ガ滝（1時間20分）青木鉱泉

5万図＝韮崎・鰍沢、2万5000図＝鳳凰山・夜叉神峠

日程＝1泊2日
歩行距離＝第1日／10.5キロ　第2日／12キロ
歩行時間＝第1日／7時間　第2日／6時間

鳳凰《ほうおう》三山は、薬師《やくし》岳、観音《かんのん》岳、地蔵《じぞう》ガ岳と連なる3000メートル近い花崗岩の山塊である。白峰《しらね》三山の眺望、白砂青松の日本庭園を思わせるような景観、奇岩・オベリスクなど魅力あふれる山域だ。苺《いちご》平から南御《みなみお》室《むろ》小屋付近はうっそうとした原生林に覆れ、

南アルプスらしい静かな山歩きが楽しめるところである。ここでは展望が楽しめる夜《や》叉神《しゃじん》峠から登り、五色ガ滝、鳳凰ノ滝など豪快な滝が楽しめる、ドンドコ沢から青木《あおき》鉱泉に下る2日間の縦走コースを紹介する。

第1日　甲府駅から広河原行きの山梨交通

夜叉神峠登山口には広い駐車場がある

カラマツの樹林帯を斜に登る

夜叉神峠から杖立峠へ向かう

★山小屋主人のコース・メモ①

夜叉神峠小屋
角田英司

夜叉神峠は7月下旬から8月中旬に草原をピンクに彩るヤナギランが咲き乱れ、白峰三山の光景とともにすばらしいです。杖立峠の先に山火事跡がありますが、この地点からの展望もみごとです。登山は早発ち早着きが基本なので、守って下さい。遅くとも4時までに小屋に着くようにし計画するように。夜叉神峠を西に10分ほど下った南アルプス林道のゲート前で水を補給して登るといいでしょう。宿泊者には無料で水をおわけしています。逆コースのときは、下りで転倒する登山者がいるので注意しましょう。

※＊1　夜叉神峠登山口には夜叉神ノ森があり、食事、みやげ物、宿泊が可能である。周辺の道路は幅が広くなり駐車場として確保されている。マイカーを利用する場合は、往路を戻るように計画するとよい。また、日帰りで夜叉神峠までのハイキングを楽しむファミリーも多い。

◆＊2　夏山シーズン中は問題ないが、シーズンはじめやシーズン終わり近くになると、稜線上の山小屋に管理人が入っているか、閉

右：山火事跡からは白峰三山の全容が見られる
上：明るい好展望地を登れば苺平は近い

杖立峠まではうす暗い樹林帯を緩く登る

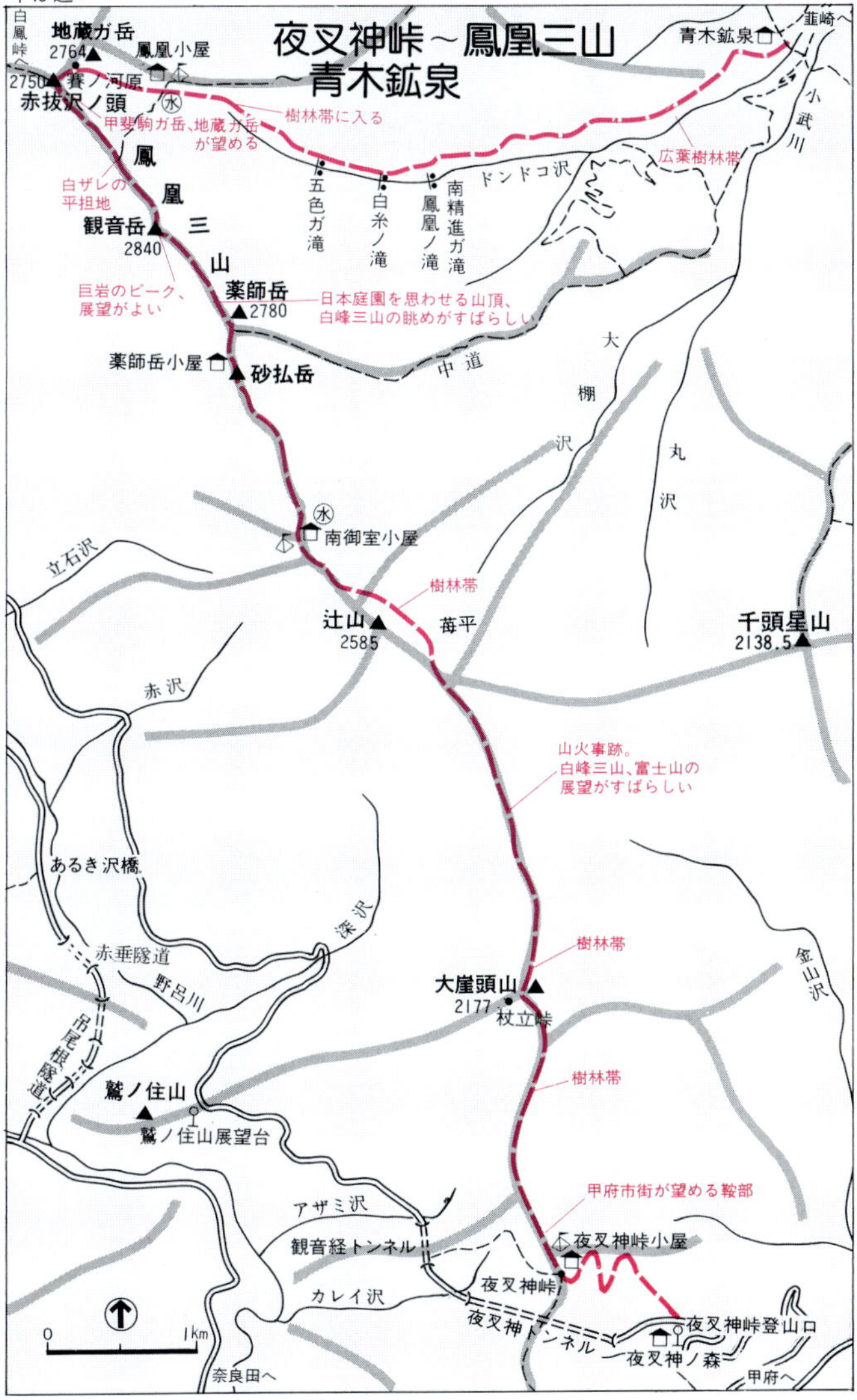

バスで1時間15分ほど揺られ、[*1]夜叉神峠登山口で下車する。バス停周辺には夜叉神ノ森と駐車場があり、週末には車でいっぱいになる。出発準備をして、カラマツ林の登山道に取り付く。登りはじめるとすぐ右手には稜線上の山小屋の営業状態を示す標識[*2]がある。シーズン初めなどに利用する場合

鎖してあるかがわかるように表示されている。

●＊3　夜叉神峠までの山腹は大部分がカラマツであるが、中間部にはミズナラなどの落葉広葉樹林が見られる。新緑が美しい6月上旬には低山の魅力があふれているところ。季節の移ろいを見つけながら登りたい。

●＊4　モルゲンロートに燃える白峰三山を眺める絶好のポイントである。日の出前まで

山火事跡の上部から見る富士山は堂々とした姿をしている

には、確認しておいた方がいいだろう。

新緑が美しいカラマツ林[*3]の中を斜上し、小さな祠を左に見送る。ミズナラやクヌギなどの広葉樹林が現れ、変化のある登山道になっている。急な山腹を大きく右へ左へと登るため、傾斜はあまり感じない。炭焼釜跡や五本松を見て、ササが茂った登山道をたどればやがて夜叉神峠に着く。

峠を左に20メートルほど歩くと野呂川越しに白峰三山の大パノラマ[*4]が広がる。おおらかで雄大な景観に感激することだろう。夜叉神峠を右に登ると夜叉神峠小屋の前に出る。カヤトの斜面にはカラマツがバランスよく配置され、白峰三山の光景をいっそう美しくしている。峠周辺には初夏から盛夏にかけてズミ[*5]やヤナギランが咲き、登山者の目を楽しませてくれる。また、週末には夜叉神峠から白峰三山のおおらかな光景を楽しむ登山者やハイカーが多く、いつもにぎわっている。

夜叉神小屋の前を北に進み、クマザサの間を緩く下る。甲府盆地[*6]が望める鞍部からカラマツ林の右端を登り返し、うっそうとした黒木の樹林帯へと入る。単調な斜面をたどればまもなく杖立峠だ。杖立峠は大崖《おおがれ》頭《あたま》山から西に派生した小さな尾根を乗越し

★山小屋主人のコース・メモ②

薬師岳小屋
小林　賢

コースの魅力は砂払岳、薬師岳、観音岳、赤抜沢ノ頭から眺める白峰三山と富士山の景観です。稜線上では心ゆくまでスケールの大きな光景を楽しんで下さい。8月下旬には観音岳から地蔵ガ岳にかけてホウオウシャジンが多く見られます。年輩の人は2泊すればゆっくりとした行程が組めます。夜行で登る場合や早朝に特急で来る場合は甲府駅よりタクシーを利用してもよいでしょう。岩場の下りでは滑らないように慎重に行動して下さい。途中、時間が遅くなったときは南御室小屋に泊まるように。

に夜叉神峠に立つには、未明に登山口を出発しなければならない。週末にはカメラマンの三脚が立ち並ぶ場所である。

●＊5　夜叉神峠周辺には、盛夏には濃いピンクのヤナギランが彩り美しく咲き乱れる。また新緑が輝く6月にはズミの清楚な花がみごとである。日帰りで花と白峰三山のパノラマを楽しむだけでも充分に満足できる。

◆＊6　登り返しは傾斜が急なので、かなり苦しめられる。20分ほど頑張れば傾斜が緩く

眺望を楽しみながら鳳凰三山の盟主・観音岳を目指す

南御室小屋は樹林帯の中のオアシス。清水が流れ、のんびり休憩できる

薬師岳山頂は平坦で広々としている

た地点で、絶好の休憩地点になっている。夜叉神峠小屋から約2時間の行程だ。

樹林帯を下り、登り返すと山火事跡[*7]に着く。濃いピンクのヤナギランを前景にした白峰三山が美しい。山火事跡の上部に登ると背後に富士山が顔を見せている。殺風景な斜面にはダケカンバなどが自生し、徐々

なり、杖立峠へと導かれる。

●＊7　白峰三山の眺望を楽しみながらゆっくり休憩をとりたい地点だ。この地点から樹林帯に入り、ふたたび山火事跡に出る。上部の山火事跡の眺望はすこぶる良好で、富士山や南アルプス南部の山々が視界にとび込んでくる。

◆＊8　千頭星山へのコースは登山者が極端に少なく、激しい登降があるので初心者は入らないようにしよう。また、苺平から左に踏跡をたどると辻山に立つことができる。白峰三山をはじめ、観音岳などが眺められる。時間に余裕があったら立ち寄ってもよい。

※＊9　小屋の内部はウッディな造りで落ち着ける。おいしい清水でいれたコーヒーを味わうことができる。薬師岳小屋に泊る場合で遅くなるときは南御室小屋に申し込んでおくと薬師岳小屋に伝えてもらえる。薬師岳小屋は雨水に頼っているので、自分の飲料水はおいしい清水を満タンにして。

●＊10　砂払岳は白峰三山をはじめ、薬師岳の眺めがすばらしい。白峰三山は午後遅くなると逆光になるので、カメラでの撮影は翌日の楽しみに残しておきたい。

※＊11　ダケカンバの巨木に囲まれた静かな小屋。夏山シーズン中よりも紅葉シーズンの週末の方が混雑する。薬師岳まで近いので、撮影山行に適した山小屋である。

●＊12　日の出前に薬師岳に立つと、富士山の左側より燃えるような太陽が顔を見せてくれる。また、薬師岳周辺には白砂の斜面が広

観音岳は花崗岩から成る山頂。甲斐駒ガ岳をはじめ、白峰三山などの絶景が期待できる

がり、風化した花崗岩が点在している。西斜面には砂礫が縞状の模様を見せる条線土が観察できる。

◆＊13　岩の下降部に崩れているところがあるので慎重に通過する。赤抜沢ノ頭の手前はヤセた岩稜をたどる。

❖＊14　子宝に恵まれるようにと願う信者が安置した地蔵尊が何十体も並んでいる。風雨に耐える光景を眺めていると、子宝を願う人々の思いが切実に伝わってくるようだ。

★山小屋主人のコース・メモ③

青木鉱泉
堤　宏

鳳凰三山の下山コースとして、ドンドコ沢は多くの人に歩かれている魅力あふれるところです。樹林帯と豪快な滝がすばらしく、初夏にはアカヤシオが咲き、彩りを添えています。沢を何箇所か横切りますが、大雨が降った直後を除けばとくに問題はありません。白峰三山や地蔵ガ岳の光景を楽しんだあとに眺める、しっとりした樹林と滝は感激するほどです。また、青木鉱泉には早めに到着するように計画して、鉱泉で汗を流して下さい。中道コースから薬師岳へのコースも短時間で稜線に出られます。

赤抜沢ノ頭は鳳凰三山と早川尾根の接点。地蔵ガ岳が正面から眺められる

にではあるが、緑が濃くなりつつあるところだ。ふたたび樹林帯に入り、額の汗が気になるころ、苺平に着く。苺平手前では千《せん》頭星《とうぼし》山からの[*8]コースが合流している。

苺平から先は夏の直射日光も遮ぎる深い樹林帯の中を緩く下る。この付近は南アルプスらしい静寂な原生林に支配されたところだ。のんびりと原生林の中を30分ほど歩くと[*9]南御室小屋に到着。樹林帯にポッカリ穴があいたような平坦地で、清水が流れており、絶好のキャンプ地である。前夜発だとこの付近で疲れが出てくるころだろう。疲れているときは無理せずに南御室小屋に泊まってもよい。この先は1時間20分ほどの登りが待っている。ゆっくり休憩をしてから出発しよう。

小屋をあとに急登に入る。東側が開けた地点まで登ると傾斜は緩くなる。森林限界を抜け、砂礫地を登れば[*10]砂払岳山頂だ。白峰三山が夜叉神峠で眺めるよりも美しい光景を見せてくれよう。花崗岩の山頂に立つと、前方に鋭い薬師岳がダケカンバの樹林に囲まれたみごとな山容を見せている。時間の許す限り展望を楽しもう。薬師岳との鞍部にはこぢんまりとした[*11]薬師岳小屋が立っている。

第2日　小屋を早発ちし、[*12]薬師岳山頂でモルゲンロートに染まる白峰三山を楽しもう。白峰三山がモルゲンロートに染まる一瞬は本コースのクライマックスだ。カメラで撮影するときは三脚を使用しよう。薬師岳山頂は風化した花崗岩やハイマツが配置され、まるで日本庭園のようだ。ここからは、白峰三山や八ガ岳連峰を眺めながら50分も稜線漫歩を楽しむと観音岳山頂に立てる。

観音岳は鳳凰三山の最高峰。三角点の置かれた巨岩の山頂に立つと、甲斐駒ガ岳が初めて姿を見せてくれる。振り返ると、薬師岳と富士山の姿が印象深い。充分展望を楽しんだら、ダケカンバとハイマツに囲まれた花崗岩の[*13]尾根をたどり、赤抜沢ノ頭に向かう。

白砂の斜面で鳳凰小屋の分岐を見送り、岩稜をひと登りで赤抜沢ノ頭に着く。地蔵ガ岳のオベリスクが目の前に見える。北岳と甲斐駒ガ岳の雄姿が正面から望め、感激する地点でもある。すばらしい光景を楽しみながらゆっくりしたい頂だ。稜線をそのまま進めば早川尾根方面へ。鳳凰小屋へはオベリスク直下の[*14]賽ノ河原へ下る。賽ノ河

豪快な南精進ガ滝

◆*15　鳳凰ノ滝は登山道から少し離れているが立ち寄って眺めたい滝だ。ただし、南精進ガ滝付近は荒れてしまっているので注意。

ドンドコ沢には美しい清流がいくつも見られる

青木鉱泉は緑に囲まれた静かな鉱泉宿。汗を流すのによい

原から見上げるオベリスクは白い花崗岩の山肌が実に美しい。

ダケカンバの新緑が美しい白砂の斜面をいっきに下り、鳳凰小屋へ。指導標にしたがって小屋の前を右に進む。河原からすぐに樹林帯に入る。

やがて、40分ほどで垂直の岩壁を落下する五色ガ滝が現れる。このあたりは林床にシダ類が多く、しっとりした原生林のよさが楽しめるところだ。[*15]続いて、登山道から少し外れたところには鳳凰ノ滝がみごとな美しさを見せている。さらにドンドコ沢沿いに下っていく。樹林帯の中に入り、沢を渡り返すと南精進ガ滝に着く。落差70メートルの大きな滝だ。

南精進ガ滝を見送り、広葉樹林を経ると青木鉱泉に到着する。少し早めに着くように計画して、ゆっくり鉱泉に入るといいだろう。青木鉱泉からは小武川を渡って林道に出る。鳥居峠分岐、御座石鉱泉分岐をすぎると穴山橋に着く。穴山橋からは韮崎駅行きの山梨交通バスが通っている。青木鉱泉から約3時間の行程だ。駅まではバスで約15分。また、青木鉱泉からも専用の送迎車（有料）があるので韮崎駅に送ってもらってもよい。所要時間は約1時間。

◆御座石温泉〜鳳凰三山〜夜叉神峠

御座石温泉からうっそうとした原生林を登る。広葉樹が多くなると急な登りとなり、しばらくの間は苦しめられる。旭岳を経て燕頭山まで登ると、急登から開放される。樹林に囲まれた尾根歩きはなだらかで、実に登りやすい。樹間からは甲斐駒ガ岳や八ガ岳が眺められる。御座石温泉から鳳凰小屋までは5時間20分ほどの行程だ。

地蔵ガ岳のオベリスクを眺めながら赤坂沢ノ頭へ。白峰三山の絶景を楽しみながら、観音岳から薬師岳へと尾根をたどる。砂払岳までは展望がすばらしい。シラビソ、トウヒの樹林帯を緩く下れば南御室小屋に着く。苺平まで40分ほど登り返し、山火事跡地までわずかの距離だ。富士山と南アルプス南部の山々が一部視界に入ってくる。杖立峠を経て夜叉神峠まで緩い下りが連続する。夜叉神峠小屋の前でカラマツ越しの白峰三山を楽しみ登山口へと下る。鳳凰小屋から夜叉神峠登山口まで約7時間40分の行程だ。

コース上にある鳳凰小屋

PART2

秋山

黄金色に輝くカラマツとダケカンバの尾根路、静寂に包まれた原生林が魅力のコース

北岳／仙丈ガ岳／甲斐駒ガ岳／栗沢山／鳳凰三山

1

八本歯のコル～北岳～白根御池

清流と黄葉が美しい大樺沢から北岳に登頂して秋色の山々を楽しむ

★★

第1日／広河原（2時間30分）大樺沢二俣（2時間）八本歯のコル（1時間10分）北岳山荘

第2日／北岳山荘（1時間20分）北岳（20分）北岳肩ノ小屋（1時間50分）白根御池（1時間40分）広河原

日程＝1泊2日

歩行距離＝第1日／10㌔ 第2日／7㌔

歩行時間＝第1日／5時間40分 第2日／5時間10分

5万図＝韮崎・市野瀬、2万5000図＝仙丈ケ岳・鳳凰山

秋色に彩られた大樺沢に沿って登る

北岳《きた》の紅葉は9月中旬に稜線で始まり、1カ月半で広河原《ひろがわら》[*1]まで下りてくる。訪れる時期により紅葉の地点が異なるので留意したい。北岳周辺の山腹はダケカンバが中心のため北アルプスのように派手な紅葉は期待できないが、しっとりした黄葉の彩りが楽しめる。紹介するコースは大樺沢《おおかんばさわ》から八《はっ》本歯《ぽんば》のコルを経て北岳山荘までが第1日。

翌日山頂に立ち白根御池《しらねおいけ》から広河原に下る2日間の周遊コースだ。注意したいポイントは、大樺沢上部の落石と天候の急変による積雪である。10月上旬以降は雪の準備[*2]も忘れずに。

第1日 秋になると広河原でも早朝の冷え込みが厳しくなる。未明に到着したときには防寒具が欲しい。9月下旬には緑濃き広河原も、10月下旬にはカツラ、ブナなどが紅葉し、みごとな美しさだ。チャンスに恵まれれば南アルプス林道から紅葉と新雪の[*3]北岳が眺望できよう。吊橋の下を流れる野《の》呂《ろ》川の水量は初夏のころよりも少なく、寂しげに感じられる。広河原のキャンプ指定地に張られるテントも少なく、夏山シーズンよりも静かだ[*4]。

秋は日の入りが早いので、早めの行動が原則である。広河原山荘をあとに樹林帯へ

★山小屋主人のコース・メモ①

北岳山荘

内藤　忠

9月下旬、中白峰周辺のウラシマツツジの大群落が真っ赤に染まり、みごとな彩りを見せてくれます。また、旧北岳山荘付近の紅葉も見のがせません。秋の天候は変化しやすく、崩れると雪が降ることもあります。雪に対する装備を忘れずに。ただし、必要な荷物以外は持たないように、荷を軽くして登りましょう。最近、暗くなって到着する人もいますので、山小屋には午後の早い時刻に到着するようにスケジュールを立てて下さい。北岳は3000㍍の山であることを頭に入れて行動するように。

❖*1　10月下旬になると広河原付近で紅葉が楽しめる。そのため、11月初旬は夜叉神峠から広河原間の南アルプス林道は渓谷の紅葉を楽しむ車で大混雑する。

◆*2　南アルプスは新雪の訪れが北アルプスよりも遅い。しかし油断は禁物で、11月初旬でも積雪がゼロの年もあれば、10月上旬で20㌢も積ることがある。また、山頂付近や稜線の北側斜面は凍っている部分があるので、アイゼンとストックを忘れずに準備しよう。

上：広河原の南アルプス林道から眺める新雪の北岳。前景の紅葉がいっそう新雪の北岳の美しさを魅きたたせている
右：八本歯のコル付近から大樺沢を見る。赤い実はナナカマド

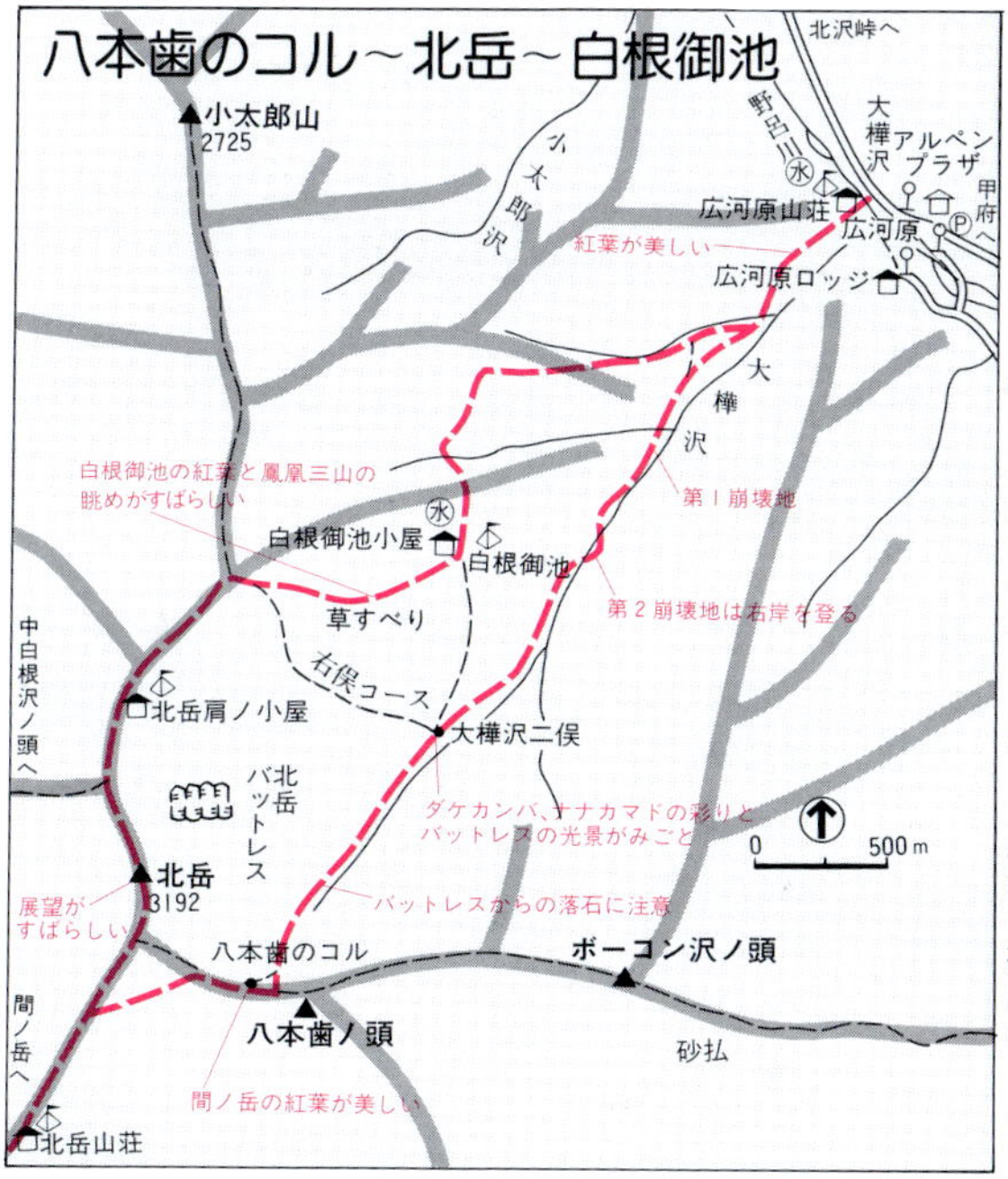

●＊3　10月下旬から11月初旬には北岳の新雪と紅葉の両方の景観が望める。写真を撮るときは広河原の紅葉が斜光で輝く早い時間帯がねらいどきだ。標準レンズから望遠レンズでまとめると、すばらしい作品が期待できる。

❖＊4　日の入り時刻は7月が午後7時頃に対して、10月1日は5時30分前後、11月1日は4時50分前後となる。スピーディに行動して、午後2時頃までには山小屋に到着するように計画を組みたい。

●＊5　この付近は10月上旬から中旬にかけての彩りがみごとだ。大樺沢の撮影ポイント

トラバース道から見た間ノ岳

北岳山荘へのトラバース道にて

上：北岳山荘付近からの残照の北岳
左：北岳山頂は10月に入ると雪に見舞われることがある

■秋の気象

3000㍍の稜線では9月の声を聞くと、秋の気配が漂ってくる。9月中旬から下旬にかけては秋雨前線が日本列島に停滞するため一時的に雨が多くなる。その後、大陸からの移動性高気圧が張り出し、透明感あふれる大気に支配されると絶好の登山日和。移動性高気圧が日本列島から離れると、山には冷たい雨が降る。10月上旬でも稜線では雪が降ることがある。寒さと雪に対する準備は万全を期したい。また、北岳周辺の北斜面は部分的に凍結しているので注意しよう。

10月上旬の北岳は雪の装備も必要だ

のひとつである。

❖＊6　秋の大樺沢二俣は小さな岩から大きな岩まで無数に転がり、沢の水はまったく期待できない。しかし、まわりの斜面にはダケカンバやウラジロナナカマドなどの秋の彩りが豊かだ。荒々しいバットレスと殺風景な大樺沢の光景がマッチしている。

◆＊7　落石に対する情報は、大樺沢バス停

池山吊尾根上部から八本歯沢ノ頭と富士山方面を眺める

入る。コメツガ、ウラジロモミに混ってカツラ、カエデ、カラマツなどが多く、すばらしい紅黄葉が楽しめる。

白根御池への分岐を見送り、大樺沢に沿って左岸の登山道をたどる。第1崩壊地は何気なく通過してしまうところだ。対岸に美しい清流[*5]が望める地点で小休止を取りたい。秋の彩りが高度を増すにつれて鮮やかになり、実に楽しみだ。第2崩壊地は左岸の斜面がえぐられ、降雨直後など地盤が緩んでいるときは崩壊の危険があるので、右岸に渡って通過する。

ウラジロナナカマドが見られるようになると、前方に北岳バットレスが全容を現す。草付きに付けられた登山道をひと登りで大樺沢二俣に着く。初夏には残雪があり、高山植物が咲くところであるが、秋には岩塊が無数に転がり殺風景[*6]だ。大樺沢二俣ではこの先の急登に備えて充分な休憩をとろう。

大樺沢右俣を横切り、八本歯のコルを目指す。左岸の登山道は登りやすく、30分も登れば大樺沢二俣が足もとに小さく見下ろせる。バットレス側から流れる清流を渡り、岩塊が堆積した地点に入る。この付近が落石[*7]の危険地帯だ。バットレス方面に注意を払いできるだけ短時間で通過しよう。左に回り込むようにして八本歯沢に入る。沢は傾斜が急で小さな岩が多いので注意しよう。沢から右の小さな尾根に取り付くとダケカンバの黄葉が美しく、紅葉と北岳バットレスの光景が楽しめる。小さな木のハシゴや岩が露出した小尾根は登りにくいが、30分ほどでハイマツ帯に出て八本歯のコルに立てる。

　前方には秋色の間ノ岳がおおらかな山容を見せてくれる。長い[*8]木のハシゴを越えて、ヤセ尾根から岩の上を伝い高度をかせぐ。しばらく登ると、北岳山荘への分岐が現れる。北岳山頂は翌日に残し、山腹のトラバース道を緩く下る。6月下旬から8月上旬にかけて高山植物が次々と咲くお花畑は草もみじと化し、厳しい冬に備えているようだ。露岩の難所を慎重に通過すればハイマツ帯に出て北岳山荘に着く。

第2日　健脚ならば間ノ岳を往復してもよい。北岳山荘をあとに北岳に向かう。右に富士山、左に仙丈《せんじょう》ガ岳、正面に北岳を眺めながらハイマツ帯を進む。小ピークを越え、池山《いけやま》[*9]吊尾根の分岐を右に見送る。急になった斜面をたどり、岩稜帯へ。北岳山荘から1時間ほどで待望の北岳山頂に立てる。3192㍍の北岳山頂は360度の大パノラマが期待できる。透明感あふれる秋の絶景は、遠方の北アルプスなどが[*10]はっきりと眺められ感激も大きいだろう。すばらしい山々をカメラに収めたら山頂をあとに北岳肩ノ小屋へ。岩稜をたどり、正面に甲斐《かい》駒《こま》ガ岳を見ながらゆっくりと下ろう。北岳肩ノ小屋前は広々とした平坦地。小休止をして仙丈ガ岳から鳳凰《ほうおう》三山の秋景が見わたせる。

　心地よい秋風を感じながら小太郎《こたろう》尾根を下る。小太郎尾根分岐を右へ。白根御池を目指して急下降が始まる。ハイマツ帯から黄葉が輝くダケカンバ帯へ入り、草すべりの斜面をストレートに下る。

　白根御池周辺にはナナカマドが多く、燃えるような紅葉越しに北岳の雄姿が望める。ウッディな白根御池小屋の前を通り、うっそうとした樹林帯へと入っていく。激しい下降が連続するので、足の弱い人にはきつい下りだ。やがて、大樺沢の瀬音が近づき、広河原へと導かれる。

山頂直下からの小太郎尾根と甲斐駒ガ岳

小太郎尾根分岐を行く。遠方に見えるのは甲斐駒ガ岳

草すべりから見る白根御池と観音岳、高嶺

前のアルペンプラザで必ず入手しておくこと。落石の危険があるときは別コースから登るようにする。バットレス側からの落石が堆積している部分はとくに危険だ。落石の音にも注意して登りたい。休憩をするときはこの付近

鳳凰三山を正面に見て白根御池へと下る

◆北岳～間ノ岳往復

草もみじが美しい中白峰山頂にて。後方は間ノ岳

北岳山荘から間ノ岳の往復は3時間ほどの行程。水筒、行動食、カメラ、雨具など必要最小限の荷物をザックに入れて出発する。早朝の冷え込みは厳しく、防寒具はしっかりした物を用意しよう。山荘をあとにハイマツ帯を緩くたどる。降雪直後ならばうっすらと積った新雪を踏みながらの気持よい登りとなる。東前方には雪化粧した富士山が秀景を見せてくれよう。岩が堆積した尾根を右手より乗り越えれば、ドーム状の小ピーク・中白峰に立つ。後方には鋭いピークの北岳が朝の斜光で輝いている。山頂周辺の岩陰にはウラシマツツジが燃えるように鮮やかだ。

前方の巨大で殺風景な山が3189メートルの間ノ岳だ。右前方に緩くのびる岩稜を下る。小ピークを越え、ワンピッチも登れば待望の間ノ岳山頂に着く。富士山、北岳、仙丈ガ岳、農鳥岳が一望できる。広々とした山頂で熱いコーヒーを味わったら、盟主・北岳を正面に望みつつ北岳山荘に戻る。山荘までは約1時間20分の行程だ。

樹林帯を下り広河原に向かう

を避けて安全なところでとろう。

◆＊8　荷物が重いときにはバランスを崩さないように一歩一歩ゆっくり登る。また、ハシゴが濡れているときはスリップしないようにしよう。

◆＊9　この付近は新雪がうっすら付いているときにはとくに注意したい。ときどき、転倒する人もいるので慎重に登ろう。

●＊10　間ノ岳を撮るならば、山頂よりも少し南に下った地点の方が山容の大きさが表現できる。また、池山吊尾根からの間ノ岳も捨て難い光景である。

2

大樺沢右俣～北岳

ダケカンバの彩りと絶頂からの眺望がすばらしい

★★

第1日／広河原（2時間30分）大樺沢二俣（3時間）北岳肩ノ小屋
第2日／北岳肩ノ小屋（30分）北岳（20分）北岳肩ノ小屋（1時間50分）大樺沢二俣（1時間30分）広河原

日程＝1泊2日
歩行距離＝第1日／11.5キロ　第2日／13.5キロ
歩行時間＝第1日／5時間30分　第2日／4時間10分

5万図＝韮崎・市野瀬、2万5000図＝鳳凰山・仙丈ケ岳

広河原《ひろがわら》から北岳《きた》への登頂コースで最も登りやすいコースが大樺《おおかんば》沢右俣コースだ。秋にはダケカンバの黄葉が輝き、訪れる登山者の心を魅了してしまうだろう。また、全コースにわたり展望に恵まれ、絶頂からの眺望も大いに期待できる。ダケカンバ帯には草もみじの斜面が広がり、秋景を彩るポイントになっている。本コースは[*1]落石の心配が少なく、初心者でも安心して歩けるところだ。

第1日　広河原には駐車場があり、[*2]マイカーの利用ができる。甲府駅前のバスターミナルから山梨交通バスに乗り、大樺沢で下車する。広河原から大樺沢二俣までは沢沿いの登山道を2時間30分の行程だ。緩い登りが連続するので、紅葉を楽しみながらのんびりと歩きたい。広河原から大樺沢二俣までは秋山①（P・96～99）を参照。

大樺沢二俣の雪渓は例年ならば8月末にはすっかり消えてしまう。雪渓と北岳バットレスの光景を見慣れた人にとっては少々寂しい眺めであるが、錦秋に彩られた二俣もまた格別だ。感激の光景を脳裏に収めたら大樺沢右俣コースに入る。[*3]指導標は雪崩により破損していることがあるので、地図で確認しつつ進もう。

大樺沢右俣の左岸をほぼ直登する。左前方に北岳を眺めながらの軽快な登りだ。晴れているとダケカンバの黄がまぶしいほど輝いている。うっすらと汗が流れるころには登山道は沢から離れて右に斜上する。ダケカンバの彩りが登るにつれて鮮かになってくるところだ。山腹の傾斜はきついが、右へ、左へと斜上しながら高度をかせぐので、あまり急登の苦しさは感じない。

やがて広々とした[*4]草もみじの斜面が現れ

★山小屋主人のコース・メモ

広河原山荘
塩沢久仙

紅葉のころの広河原周辺は静かで落着いた雰囲気が漂うすばらしいところです。北岳に登らなくても広河原周辺を散策するのもいいでしょう。10月になると雪が降ることもあるので、防寒具や雪に対する準備を怠らないようにして下さい。秋は日没時間が早いので、小屋に到着する時間が遅くならないように計画をして下さい。また、大樺沢上部の落石情報は必ず現地に問い合わせるようにお願いします。下山時は落ち着いて下るように。事故はちょっとした不注意から発生します。北岳の美しい紅葉を充分楽しんで下さい。

◆＊1　広河原～大樺沢二俣間の2箇所の崩壊地は注意。第2崩壊地は必ず対岸より通過すること。

❖＊2　最近、北岳登山にマイカーを利用する人が増えている。早めに到着すれば車の中で仮眠をとることができるので、体力的に楽に登れる。ただし、10月上旬及び11月上旬の連休などは林道、駐車場とも大混雑する。

❖＊3　大樺沢二俣の草地には指導標が何度か立てられたが、春先の雪崩で失われること

広河原付近には広葉樹林が多く、10月下旬は美しい紅葉が楽しみだ

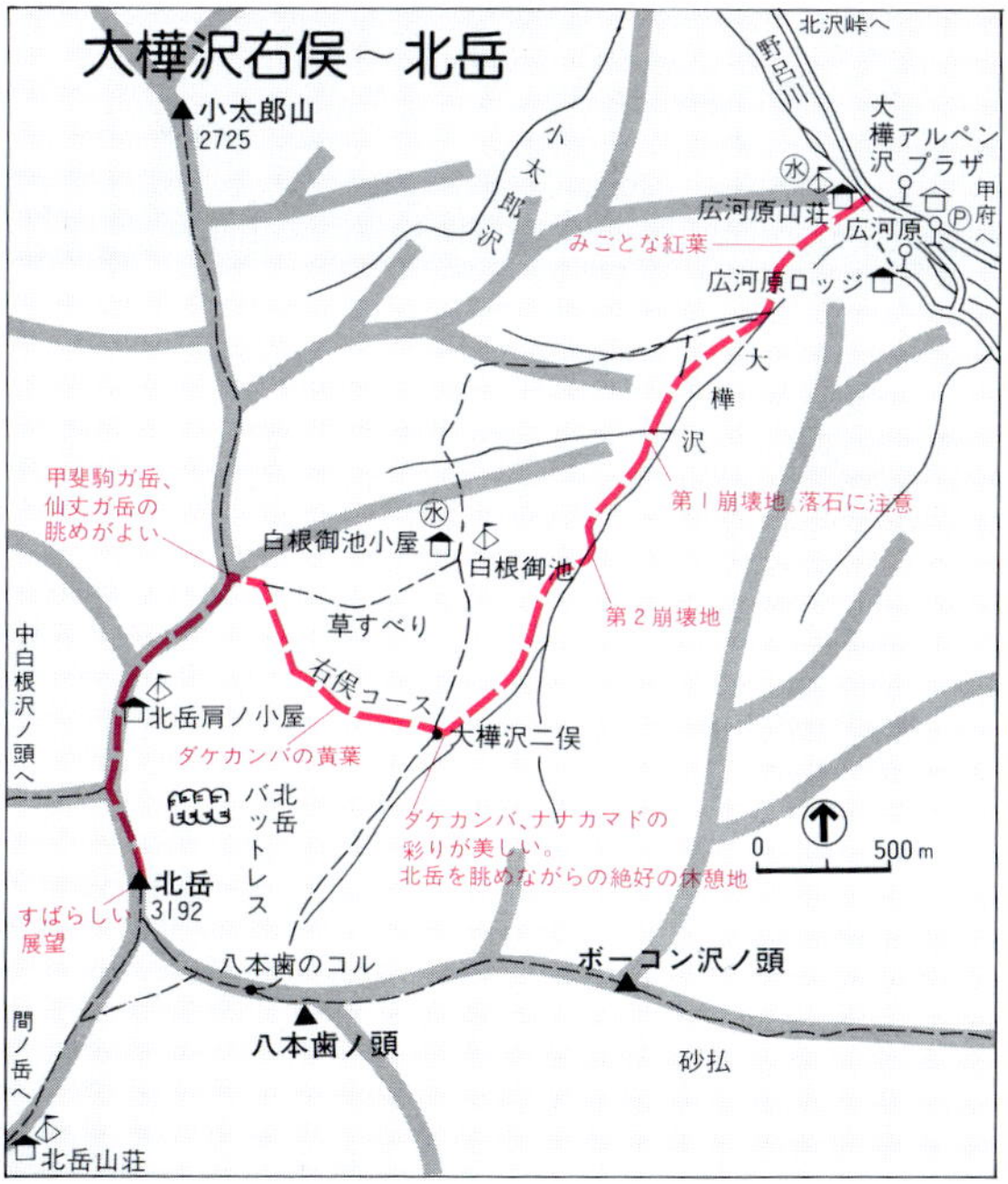

野呂川に架けられた吊橋を渡り、広河原山荘へ向かう

巨岩が転っている沢沿いの道をたどって大樺沢二俣を目指す

がある。大樺沢右俣コースは二俣から右に直角に登る。指導標がなくても間違える心配はほとんどない。

●＊4　草もみじの斜面は広々しているので気分爽快だ。昼寝でもしたくなるところ。この付近はナナカマドが見られ、秋の被写体には不自由しない。草もみじの斜面をねらうときは岩などをアクセントして、積極的に画面に取り入れるように。絞りはｆ22または16まで絞り、近景から遠景までピントが合うようにするとよい。

●＊5　右俣コースはダケカンバが多く、10

大樺沢二俣付近にはナナカマドが多く、逆光で輝く黄葉が美しい

る。盛夏にはシナノキンバイなどの大群落が美しいお花畑であるが、秋色の景観もすばらしい。この地点ではコーヒーでも飲みながら小休止しよう。斜面から稜線に目を移すと、小太郎《こたろう》尾根が手の届く距離に眺められ、ファイトが湧いてくるだろう。周辺にはまっ赤に紅葉したナナカマドが多く、黄一色の光景の中のアクセントになっている。

登山道は草もみじの間を直上する。後方には鳳凰《ほうおう》三山と池山《いけやま》吊尾根が眺められる。ダケカンバ[*5]と草もみじが交互に現れ、いつしか白根御池《しらねおいけ》からの登山道に合流する。合流地点から小太郎尾根まではわずかな行程だ。大樺沢二俣から2時間30分ほどで小太郎尾根に出る。

稜線を吹き抜ける爽快な秋風とともにおおらかな仙丈《せんじょう》ガ岳とピラミッド状の山容が美しい甲斐駒《かいこま》ガ岳が山容を見せてくれよう。小太郎尾根分岐で休憩している登山者は夏山シーズンよりも少なく、ゆっくりできる。秋は午後になっても雲が湧くことなく、すっきりした景観が得られる。

急登の疲れをいやしたら北岳肩ノ小屋[*6]に向かう。西側が緩いスロープの風衝地をたどる。このあたりは岩陰で小さな秋を見つける楽しみがあるところだ。ガレ場の急登を越え、10分ほどで山頂直下の北岳肩ノ小屋に到着する。冷え込むときは小屋のストーブで暖をとるとホッとする。

第2日　山頂を往復して、登路同様に大樺沢右俣コースを下山する。御来光は10月1日で5時40分前後。凍るような南アルプス北部の山々が斜光で輝きはじめると短い秋の1日がはじまる。

大樺沢右俣コースから眺めるダケカンバの黄葉に彩られた大樺沢上部

小太郎尾根上部の北岳肩ノ小屋付近から眺める北岳

　北岳肩ノ小屋から[*7]急斜面をたどり、30分ほどで3192メートルの北岳山頂だ。早い時間ならば登山者の姿が少なく、展望を楽しみながらゆっくりできる。富士山の山頂部は新雪に覆われ、実に美しい山容だ。北岳山頂からの下山は転落しないようにゆっくり下る。

　北岳肩ノ小屋から小太郎尾根分岐までは20分ほどだ。[*8]小太郎尾根からわずかに下った地点の大樺沢右俣コースの入口は、うっかりすると見落とすので注意しよう。傾斜が緩いので、足に自信のない人でも心配なく下れるおすすめコース。前日よりも周囲の光景を楽しみながら歩けるだろう。

月上旬の彩りがみごとである。広角レンズから望遠レンズまで多用して、変化のあるダケカンバを撮影しよう。紅葉を撮る場合は若干、明るめに撮った方がよい。

◆＊6　午後、太陽が西に傾きかけると気温はグンと低くなる。また、風が吹き抜ける尾根ではウィンドヤッケ、防寒具がほしくなる。

◆＊7　早朝の急斜面は前日の雪が固く凍っていることがあるので注意しよう。西俣方面の分岐点まで登ると傾斜は緩くなる。稜線上での北側斜面はスリップしないように慎重に行動しよう。

◆＊8　初めて大樺沢右俣コースを下山する人は白根御池コースから右俣コースに入る地点を前日（登る時）によく確認しておきたい。小さな標識が置かれていることもある。

北岳山頂にて。新雪の池山吊尾根と富士山が美しい

北岳山頂から間ノ岳方面を望む

大樺沢は10月中旬から下旬にかけて美しく彩られる

北岳周辺の紅葉

南アルプス北部で最も変化に富んだ紅葉が見られる山域だ。ウラシマツツジ、ダケカンバ、ウラジロナナカマド、カラマツが稜線やバットレス、山腹を次々と染めはじめる。9月中旬になると、山頂や稜線付近に紅葉前線が訪れ、10月下旬に広河原までいっきにかけ下りてくる。

　バットレスから大樺沢右俣、草すべりは最も美しいダケカンバの黄葉が期待できる。ダケカンバに混じり、ウラジロナナカマドの赤が彩りに変化をつけてくれよう。池山吊尾根から間ノ岳の山肌にかけては、ダケカンバを主体とした紅葉が大スケールで眺められる。大樺沢二俣から広河原にかけては9月下旬から10月中旬がベストシーズン。広河原から夜叉神峠までの南アルプス林道は11月初旬が見ごろとなる。

下：草すべりのダケカンバ
左上：池山吊尾根で見かけたウラシマツツジ
左下：大樺沢右俣コースのウラジロナナカマド

3 ★★

小仙丈尾根～仙丈ガ岳～藪沢新道

カールの彩りと馬ノ背の黄葉が魅力的な仙丈ガ岳回遊コース

北沢峠（2時間）五合目（1時間）小仙丈ガ岳（1時間）仙丈ガ岳（1時間）馬ノ背ヒュッテ（1時間40分）大平山荘（15分）北沢峠

日程＝1泊2日
歩行距離＝13・5キロ
歩行時間＝6時間55分

5万図＝市野瀬、2万5000図＝仙丈ケ岳

秋の仙丈《せんじょう》ガ岳は秋色に彩られたカールと馬《うま》ノ背《せ》を黄一色に彩るダケカンバの黄葉[*1]で知られている。9月下旬になると紅葉前線が山頂から山腹へと駆け下りてくる。紅葉の時期は登山客が集中するので10月上旬は北沢峠周辺、馬ノ背の小屋[*2]はにぎわう。

原生林の急登が連続するので平坦地でゆっくり休憩

小仙丈ガ岳から眺める仙丈ガ岳はおおらかな山容がみごと

北沢峠バス停から原生林の急登に入る。登りはじめからの急登には自分のペースを守ってゆっくり登りたい。南アルプスの人気コースだけに登山者は多い。足もとはしっかりと踏まれ、登りやすい道だ。二合目まで登ると、左から北沢峠のテント場に近

★山小屋主人のコース・メモ

長衛荘
竹沢長衛

9月下旬には仙丈ガ岳から小仙丈尾根のウラシマツツジがまっ赤に染まり、ハイマツとのカラーコントラスがみごとです。北沢峠から森林限界を抜けるまでは苦しいが、小仙丈ガ岳に立つと北岳と富士山が並んで眺められ感動することでしょう。また、黄色に彩られた馬ノ背も秋の仙丈ガ岳にふさわしい光景です。下山コースの藪沢はダケカンバ、ナナカマドが多く、黄、紅、緑と色どり豊かな紅葉が楽しめます。北沢峠の山梨県側には2合目まで楽に登れるコースがあり、途中で北岳が眺められるので利用して下さい。

●＊1　仙丈ガ岳の紅葉は9月下旬から10月初旬が見ごろ。馬ノ背と藪沢新道のダケカンバが美しいときをねらいたい。

❖＊2　10月上旬の週末は紅葉を楽しむハイカーや登山客がドッと押し寄せるので、山小屋はにぎわっている。早めに小屋に到着するか、電話を入れておくと確実である。

上：仙丈ガ岳山頂
左上：藪沢カール底には避難小屋が立っている
左下：馬ノ背から眺める残照の甲斐駒ガ岳、馬ノ背にはダケカンバが多く９月下旬頃が美しい

い方からの[*3]登山道が合流する。登山道の勾配は徐々に厳しくなり、五合目までは頑張りが要求されよう。ときどき、平坦地が現れるので無理をせずに小休止を取りながら登りたい。樹が疎になったところから北岳方面が垣間見られるほかは、森林限界を抜けるまで展望は期待できない。

五合目の平坦地・大滝ノ頭まで登ると樹林帯の[*4]急登を8割ほど登ったことになる。小休止するにもいいところだ。右に分岐する道は藪沢小屋を経て馬ノ背方面への道。周辺に目を向けるとダケカンバ、ウルシなど黄や朱色の彩りがチラチラ目に入るようになる。大パーティも行き交いにぎやかだ。五合目をあとに小仙丈ガ岳に向かう。森林限界を抜け、ダケカンバ帯に入るといっきに高山帯へ突入する。展望はむろんのこと、明るいハイマツ帯を登るだけで精神的な開

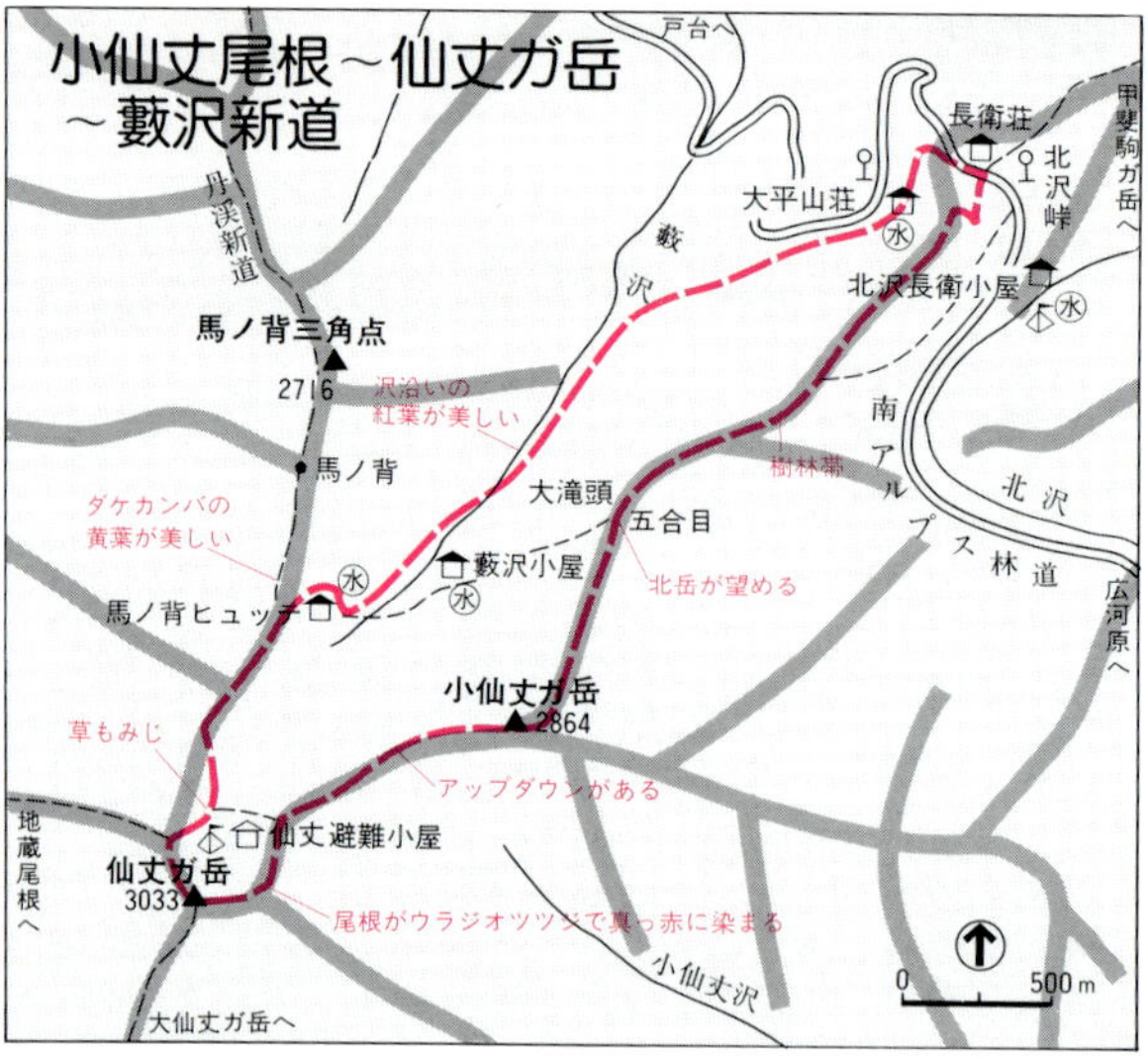

馬ノ背からの仙丈ガ岳、ダケカンバとハイマツのカラーコントラストがみごとだ。

放感が得られることだろう。

　広々とした小仙丈ガ岳に立つと、正面には秋色の小仙丈カールを抱いた仙丈ガ岳がすばらしい。また、北岳、富士山、早川尾根など周辺の山々も紅葉に染まり見ごとな光景を見せてくれよう。9月下旬に燃えるようにまっ赤に色づいていたウラシマツツジは、10中旬になると色あせてしまう。

　[*5]ハイマツ帯をたどり、山頂を目指す。露岩帯を下り、広々とした尾根を登る。右奥には北アルプスの山々が新雪で輝き、冬が近いことを知らせているようだ。やがて、右に藪沢カール方面への分岐を見送る。藪沢カールを右に見下しながら尾根道をたどる。正面の仙丈ガ岳は殺風景な山肌が印象に残る。

　仙丈ガ岳山頂は秋の絶景を楽しむ登山者でにぎわっている。甲斐駒ガ岳、鋸岳、鳳凰三山、北岳、中央アルプスなどがクリアに眺められる山頂だ。山頂から見下す馬ノ背にはハイマツの緑に混じり、点在するナナカマドの赤が目立つ。山頂で充実したときを過ごしたら、馬ノ背に向かう。

　山頂を[*6]越え、すぐに右に折れて[*7]岩ザレの斜面を下る。転落しないようにゆっくり下りたい。仙丈避難小屋の手前には氷河期の

◆＊3　北沢峠のキャンプ指定地から小仙丈ガ岳に登るときは仙丈2合目コースへの登山道を利用してもよい。全般的に緩い傾斜が続き、登りやすい道だ。途中に北岳が望める展望台がある。

◆＊4　樹林帯の急登が連続するコース。荷物はできるだけ少なくして軽快に登りたい。森林限界を抜けるまでは、五合目から更に30分ほどの頑張りが要求される。

※＊5　小仙丈尾根のハイマツ帯は緩やかで実に登りやすい。足もとの小さな秋を見つけながら歩ける。

◆＊6　山頂を越えそのまま稜線伝いに下ると、地蔵尾根に迷い込むことがある。見通しが悪いときにはとくに注意したい。

◆＊7　藪沢カールの下りは小さな岩が堆積した急斜面で、足もとが不安定なために下りにくい。浮き石に乗らないように注意して、膝のバネを効かせてリズミカルに下ろう。

●＊8　馬ノ背はダケカンバの黄葉がみごとな地点だ。馬ノ背三角点方面に進むとダケカンバの巨木が多い。馬ノ背を撮影する場合は、仙丈ガ岳寄りのハイマツ帯の尾根からがベスト。背後に鋸岳、甲斐駒ガ岳をうまく取り入れて画面構成しよう。

◆＊9　沢を横切るので降雨直後など、水量が増えているときには注意したい。五合目までは30分ほどの行程だ。

藪沢上部からの甲斐駒ガ岳。藪沢新道を下ると山腹の彩りがみごと

名残、ターミナル・モレーン（堆石地形）がはっきりと確認できる。藪沢カールには仙丈避難小屋があるとともにキャンプ指定地になっている。周辺のお花畑はすっかり冬の準備が終了しているようだ。前方に馬ノ背とその背後に鋸岳、甲斐駒ガ岳が望め、秋の彩りがとても美しい。藪沢源流付近はナナカマドがまっ赤に紅葉し、みごとだ。

　ハイマツの尾根を下り、馬ノ背へ。馬ノ背手前から眺めるダケカンバの黄葉は、仙丈ガ岳周辺では最も美しい紅葉[*8]と言える場所だ。ダケカンバの巨木とナナカマドが多いので、尾根を散策して黄葉を楽しみたい。尾根から馬ノ背ヒュッテに至る斜面も、ダケカンバの黄一色に彩られている。馬ノ背ヒュッテは木造りの立派な小屋で、シーズン中の週末はいつもにぎわっている。

　馬ノ背ヒュッテから草もみじと化したお[*9]花畑を見送り、藪沢新道へ入る。藪沢を横切りそのまま直進すると、小仙丈尾根五合

●＊10　藪沢の紅葉は目を見張るほどすばらしい。逆コースで登ると、藪沢の紅葉を充分に楽しみながら登れる。

❖＊11　広河原、戸台口までの村営バスの運行は、例年11月中旬頃で終了してしまう。バスの運行時間とともに確認を忘れずに。

上：藪沢新道の原生林の中をたどる
右：紅葉に彩られた清流沿いの道をゆっくり下る

藪沢新道は馬ノ背と並んで紅葉が美しいところ。10月上旬がベストシーズン

目方面へ行ける。大平山荘へは藪沢左岸に沿って草つきの斜面をたどる。V字谷の両山腹にはダケカンバ、ナナカマドなど彩り豊かな光景[*10]が展開し、感激することだろう。沢の水が少ないのは残念である。藪沢は上流にキャンプ指定地、小屋があるので、飲料水としては用いない方がよい。このあたりは、正面に甲斐駒ガ岳を眺めながら落ち着いて下りたい。

やがて、樹林帯へ入っていく。樹林帯の中ではカエデなどの紅葉を見つけることができる。大平山荘から北沢峠まではひと登りして15分ほどの行程である。

北沢峠[*11]からは広河原、戸台口までそれぞれ村営バスが運行されている。ただし、本数は少ないので時刻を確認しておくことを忘れずに。日程に余裕があれば、北沢峠に泊まって峠付近の紅葉を楽しむのもよいだろう。さらに、甲斐駒ガ岳まで足をのばすこともできる。

仙丈ガ岳の紅葉

仙丈ガ岳の紅葉では馬ノ背のダケカンバがピカ一である。おおらかな尾根にはダケカンバの巨木が多く、目を見張るほどだ。9月中旬になると冷え込みが厳しく、緑から黄への彩りが急ピッチで進む。尾根全体が黄葉で埋めつくされるのは9月下旬から10月初旬。ハイマツの濃緑色と透きとおるような青空とのカラーコントラストは実にみごとである。とくに夕暮れ時、残照に輝く馬ノ背と甲斐駒ガ岳、鋸岳の景観は感激するほどすばらしい。また、藪沢新道の沢沿いは10月上旬ごろ谷全体が黄一色に染められる。とくに馬ノ背側の斜面は草もみじとダケカンバが秋を演出してくれる。

小仙丈尾根はハイマツ帯に点在するダケカンバやナナカマドの紅葉が楽しめる。小仙丈ガ岳から眺める仙丈ガ岳は小仙丈カールが草もみじと化し、スケールの大きな南アルプスらしい景観が期待できる。また、早朝のモルゲンロートに染まる一瞬は感激するほどの美しさだ。

仙丈ガ岳周辺のカエデの彩り

4 双児山〜甲斐駒ガ岳〜仙水峠

ダケカンバの黄紅葉を眺めながら、秋色漂う花崗岩の名峰に登る

★★

北沢峠（1時間40分）双児山（50分）駒津峰（1時間30分）甲斐駒ガ岳（2時間）仙水峠（1時間5分）北沢峠

歩行距離＝11・5キロ
歩行時間＝7時間5分

5万図＝韮崎・市野瀬、2万5000図＝2万5000図＝甲斐駒ケ岳・仙丈ケ岳

甲斐駒《かいこま》ガ岳は花崗岩のピークで、端正かつダイナミックな山容が人気の山だ。山腹にはダケカンバ[*1]が多く、紅葉シーズンはすばらしい黄葉が楽しめる。ダケカンバの彩りは例年9月下旬から10月初旬にかけてがベストシーズンとなる。ここでは北沢峠《きたざわ》をベースに双児山《ふたご》から登り、仙水峠からの下山コースを紹介する。日程に余裕があれば、仙丈ガ岳にも登ってみるといいだろう。甲斐駒ガ岳とはまた違う秋の山が楽しめる。

北沢峠周辺も10月上旬には美しい彩りを見せてくれる。双児山への登山口は北沢峠にあり、バス停からすぐ登り始める。樹林帯を斜に切りながら急[*2]な山腹を登る。紅葉シーズンの週末は登山者の数が多い。しばらく登ると後方に小仙丈《こせんじょう》ガ岳が望めるようになる。樹林帯は展望に恵まれず、ひたすら高度をかせぐことに専念しよう。藪沢新道から双児山を眺めると、北沢峠から一気にそそり立つ岩峰が見えるが、この光景から判断すると、急登が連続しても不思議ではないことがわかる。このあたりでは、シラビソ、ツガの原生林にダケカンバやカラマツを見ることができる。

露岩が多く、ダケカンバをひと登りすれば双児山に着く。双児山からは北岳をはじめ、仙丈ガ岳が眺められる。樹林に覆われた南アルプスの山々が紅葉前線に彩られる光景がすばらしい。前方には駒津峰の広々としたハイマツの斜面に黄[*3]に染まったダケカンバが点在し、みごとな美しさだ。双児山では眺望を楽しみながらゆっくり休憩をとりたい。

ハイマツ帯を緩く下り、樹林の中へ入る。鞍部から駒津峰への登りにかかる。左前方には鋸岳の荒々しい岩稜が眺められよう。ハイマツ帯の急登は足もとに小さな岩が転がり予想した以上に登りにくい。駒津峰の

★山小屋主人のコース・メモ

仙水小屋
矢葺敬造

甲斐駒ガ岳の紅葉はダケカンバが美しく、駒津峰周辺ではカラマツやナナカマドが加わり、彩りがみごとです。植生のバランスがよいのでカラフルな紅葉が楽しめます。紅葉の見ごろは山頂付近が9月中旬から始まり仙水小屋付近が9月末から10月初旬です。駒津峰・甲斐駒ガ岳間は風化が進んでいるので、落石に注意して下さい。また、六方石からのトラバースルートは道がえぐられているので、滑らないように。甲斐駒ガ岳は一等三角点が置かれ、展望はピカ一です。全国の駒ガ岳の中では最高峰でもあります。

●＊1　甲斐駒ガ岳の山腹の黒戸尾根側、駒津峰側いずれもダケカンバが目立ち、9月下旬から10月上旬にかけて黄葉する。駒津峰から眺めると、美しい秋色の甲斐駒ガ岳が望める。

◆＊2　双児山の登りは600メートルの標高差を一気にかせぐために苦しい。防寒具、雨具、食料など必要最小限の荷物にまとめて登るようにしよう。マイペースでゆっくり登れば、1時間40分ほどで双児山まで登れる。

上：原生林の急登をたどり双児山に立つと、北岳の雄姿が眺められる
下：駒津峰の登りから返り見る双児山と仙丈ガ岳

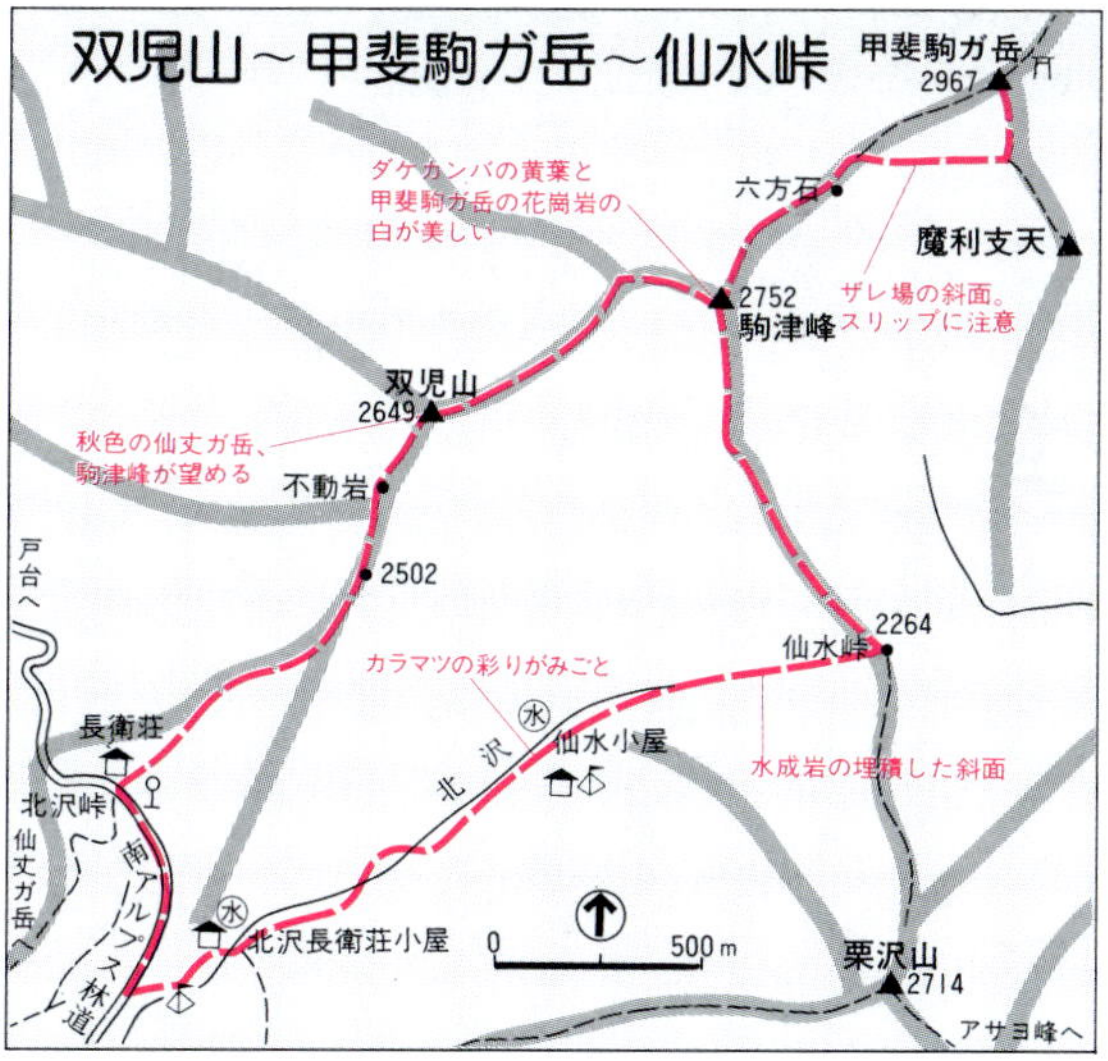

●＊3　写真を撮るときには、双児山から駒津峰への登山道とダケカンバを上手に組合せると、すばらしい作品が撮影できる。望遠レンズで必要な部分を切り取るように心掛けよう。

◆＊4　駒津峰までの行程は、双児山コースでも仙水峠コースでも大差はない。仙水峠コースは2時間50分の行程であるが、コースは樹林帯が少ないのでまわりの光景を眺めながら登れるメリットはある。

左肩まで登ると、ようやく緩くなった稜線をたどり駒津峰山頂に着く。山頂の南側には仙水峠からの登山道が合流し、甲斐駒ガ岳を目指す登山者が次々と登ってくる。

駒津峰は絶好の休憩地点であるとともに、甲斐駒ガ岳を眺めるポイントでもある。白く輝く花崗岩の岩肌と緑から黄へと彩り始めたダケカンバの景観が見ごとである。カメラで秋色の甲斐駒ガ岳を撮っておきたいところだ。北沢峠から駒津峰までは2時間30分ほどの行程[*4]。この先、甲斐駒ガ岳山頂まで1時間30分は見ておきたい。

駒津峰をあとにハイマツとダケカンバに囲まれたヤセ尾根を下る。露岩やハイマツの枝が張り出ているため、足をひっかけな

駒津峰山頂直下から早川尾根方面を望む。山腹のダケカンバが美しい

甲斐駒ガ岳と黄に染まりはじめたダケカンバ

六方石付近には巨大な花崗岩が多い

◆＊5　六方石から甲斐駒ガ岳への直登コースは岩稜帯であるが、さほど問題なく登れる。しかし、途中に一枚岩で登りにくい部分があるので、慎重に登りたい。最近では無積雪期でも本直登コースを歩く登山者が増えている。

◆＊6　踏跡に入って、道に迷ったりする登山者が毎年何人か見られるので注意しよう。間違っても沢に下らないようにしたい。とくに、天候が悪く見通しが効かないときは要注意だ。

◆＊7　靴はスニーカーなどの運動靴で登ると下山時にスリップして恐しい思いをすること間違いない。少なくとも軽登山靴をはくように心掛けよう。ちょっとしたことが事故につながるので、必要な装置は揃えるようにしよう。

●＊8　樹林帯を抜け出た鞍部がケルンの立つ仙水峠だ。左手には黄に彩られた樹林越しに迫力満点の摩利支天が眺められよう。10月上旬の連休のころは北沢峠から秋色の大岩壁を眺めに来る観光客が多くにぎやかだ。

美しい甲斐駒ガ岳山頂付近の白砂の斜面

いように慎重に歩く。花崗岩の間を進み、六方石へ。岩稜を直登*5してもよいが、ここでは右のトラバース道に入る。砂礫の斜面は滑りやすく、摩《ま》利《り》支《し》天《てん》方面への踏跡*6が何本かのびているので迷い込まないように。夏には可憐な花を付けているタカネツメクサが枯れている光景に夏との違いを感じる。主稜線に出て、黒戸尾根からの登山道が合流すると、すぐに甲斐駒ガ岳山頂だ。

　平坦で広々とした山頂は眺望を楽しむ登山者でにぎわっている。仙丈ガ岳、北岳、鳳《ほう》凰《おう》三山、八ガ岳、北アルプスなどを見わたすことができよう。信仰の山らしく、古い祠が安置されている。岩と白砂の山頂で秋色濃い光景を楽しんだら北沢峠への下山だ。

　摩利支天方面に進み、白砂の山腹を右に回り込むようにして下る。登山道は部分的に滑りやすくえぐられてしまったので、慎重*7に下りたい。六方石から岩稜を登り返したピークが駒津峰。山頂から1時間ほどの所要時間だ。駒津峰まで下れば危険なところはなく、安心できる。

　駒津峰から正面に眺められる山塊が早川尾根だ。栗沢山との鞍部を目指してゆっくり下る。ハイマツ帯からツガの樹林帯に入

甲斐駒ガ岳の紅葉

　双児山に立つと、ハイマツ帯にバランスよく点在するダケカンバのすばらしい景観が見られる。この斜面は駒津峰の南面で、10月上旬が見ごろ。双児山からハイマツ帯をたどり、駒津峰に立つと甲斐駒ガ岳の山肌を黄色に彩るダケカンバが期待できる。明るい花崗岩の山肌との対比が美しく、9月下旬がベストシーズンだ。

　黒戸尾根上部にもダケカンバが多く、美しい黄葉が楽しめる。また、笹ノ平から下った地点には広葉樹が多く、10月中旬から下旬が美しい。北沢峠から仙水峠にかけてもナナカマド、ダケカンバ、カラマツが黒木の間に多く見られる。10月初旬から中旬が紅葉の見ごろだ。仙水峠から栗沢山へのコースはハイマツ帯にダケカンバが自生し、紅葉シーズンは美しい。

黄葉が美しいダケカンバ

北沢峠付近の鮮かなカエデ

甲斐駒ガ岳山頂から眺める鳳凰三山、富士山方面

上：仙水峠から北沢峠に向かう。正面は仙丈ガ岳
下：仙水峠付近には水成岩が堆積している

仙水峠から見上げる残照の甲斐駒ガ岳と摩利支天

るが、急な斜面で転ばないように注意する。

仙水峠[*8]はカラマツ、ダケカンバなど秋を演出する樹林が多い。水成岩が堆積した斜面は仙水峠を独特の雰囲気にしている。V字谷から小仙丈ガ岳を眺めつつ仙水小屋へ。仙水小屋[*9・10]からは紅葉に彩られた谷間を30分ほどで北沢長衛小屋の前を通り北沢峠へと導かれる。

　北沢峠周辺も10月上旬にはすばらしい紅葉が楽しめる。ただし、紅葉シーズンは登山客のみならず一般観光客が多く、広河原、戸台口行きの村営バスが混雑するので注意しよう。また、本数も少ないので、必ず入山前にバス時刻は確認しておくことを忘れずに。

※＊9　日程に余裕があれば峠から離れた仙水小屋に泊り、のんびりするのもよい。仙水小屋はおいしい食事を出してくれると評判の小屋で、なんども利用する登山者がいる。

◆＊10　仙水小屋の前からは女性的な山容の小仙丈ガ岳が印象的に眺望できる。豊富に流れる水が乾いたのどを潤してくれよう。

5 北沢峠〜栗沢山〜仙水峠

甲斐駒ガ岳、北岳、仙丈ガ岳の展望台へ短時間で登頂

★★

北沢峠（10分）北沢長衛小屋（2時間）栗沢山（1時間）仙水峠（1時間5分）北沢峠

5万図＝韮崎・市野瀬、2万5000図＝2万5000図＝甲斐駒ケ岳・仙丈ケ岳

日程＝1泊2日
歩行距離＝7キロ
歩行時間＝4時間15分

栗沢山から仙水峠方面を見下すとダケカンバが美しい

栗沢山は仙水峠の南に位置した2714メートルのピーク。ここでは北沢長衛小屋前から栗沢山へ直接登るコース*1を紹介する。

北沢長衛小屋周辺も北沢峠同様に黒木に混じった広葉樹林が色づき始めるのは9月下旬である。北沢長衛小屋前で清流を渡ると栗沢山への登山道がある。小さな沢状のところから樹林帯に入る。シラビソ、トウヒなどの原生林*2の間を緩く登る。

栗沢山の西側に派生した顕著な尾根に入り、傾斜が一段落した地点まで登ると、北岳方面の展望が開ける。うっそうとした原生林の中で突然鋭い北岳のピラミッドが視界に入ってくるので、新鮮な光景だ。

2300メートルからハイマツ帯に出るまでの間は急斜面が連続する。背後には樹間から仙丈ガ岳のおおらかな山容を垣間見ることができる。ダケカンバの彩りが目に付きはじめると森林限界が近いシグナルだ。樹海

★山小屋主人のコース・メモ

北沢長衛小屋
竹沢長衛

栗沢山から北沢峠は、9月下旬から10月初旬まで紅葉のベストシーズンです。栗沢山から望む北岳はそのすばらしさに吸い込まれるようにさえ思われます。また、北岳だけでなく仙丈ガ岳、甲斐駒ガ岳が眺められ、感激するでしょう。北沢峠方面から直接登る本ルートは倒木などはなく、よく整備されているため初心者でも安心して登れます。ただし、10月上旬以降は雪が降るので雪に対する装備が必要です。樹林帯が美しく、1時間も登れば北岳が望める展望台に出られる、栗沢山への最短コースです。

❖*1　栗沢山への直登コースは最近整備された。北沢峠から4時間もあれば周遊できるので、午前中に到着すれば栗沢山まで登れる。

◆*2　原生林の登山道は踏跡がはっきりと付けられているので、初心者でも迷う心配はない。ただし、展望は森林限界を抜け出るまであまり期待しない方がよい。登山者が少なくゆっくりできるコースだ。

◆*3　露岩の尾根は踏跡がはっきりしていない部分もあるが、尾根の中央部をたどれば山頂へと導かれる。

栗沢山から望むアサヨ峰と地蔵岳

栗沢山に立つとダイナミックな甲斐駒ガ岳がすばらしい

の底から見上げるダケカンバの黄葉は、透過光で眺めるので美しい。

天部を覆っていた樹が疎らになりはじめると、森林限界*3を抜け出る。高山帯に入り、ハイマツと露岩の尾根をゆっくりと登れば栗沢山頂である。北岳と甲斐駒ガ岳の雄姿が落ち着いて眺望できる展望台だ。秋色濃い甲斐駒ガ岳のダイナミックで端正な山容はいつまでも見飽きることがない光景だ。仙丈ガ岳、鳳凰三山、富士山、奥秩父の山々が一座一座手に取るように眺められる。

下山は仙水峠経由で下る。山頂付近は岩場があるので転落しないように注意。正面に甲斐駒ガ岳と駒津峰を望みながらハイマツ帯をゆっくり下る。この付近はダケカンバが多く黄葉が楽しめるところだ。小樹林帯を抜けて仙水峠に下り立つ。仙水峠からの摩利支天は花崗岩の岩壁が大迫力だ。岩塊の斜面を下り、静かな樹林帯へ入る。仙水峠から仙水小屋の下まではカラマツも多く、黄金色に彩られると実にみごとだ。

北沢沿いに下り、北沢峠に向かう。清流の右岸沿いにゆっくり進めば、栗沢山登山口の北沢長衛小屋の前に着く。

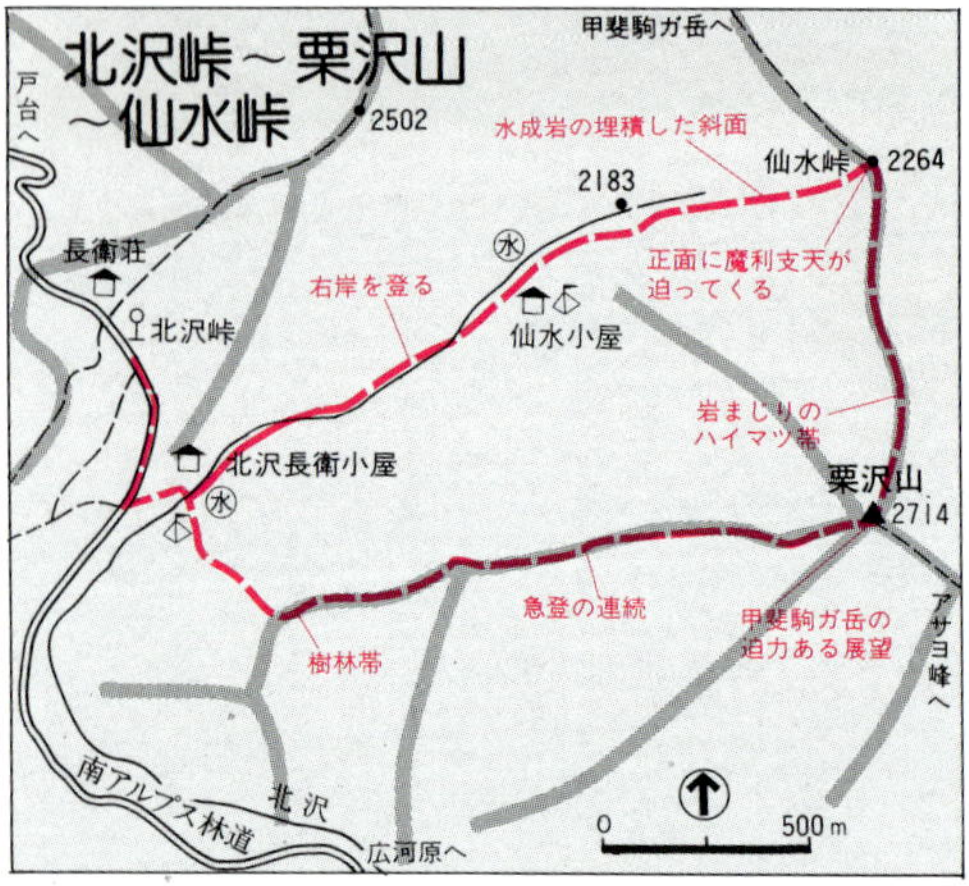

夜叉神峠に立つと野呂川の谷間越しに雄大な白峰三山が眺められる

6 ★★

夜叉神峠〜鳳凰三山〜広河原

白峰三山の秋景と紅葉に彩られた鳳凰三山の山稜がみごとなコース

第1日／夜叉神峠登山口（1時間）夜叉神峠（2時間）杖立峠（2時間40分）南御室小屋（1時間20分）薬師岳
第2日／薬師岳（50分）観音岳（1時間）赤抜沢ノ頭（40分）高嶺（40分）白鳳峠（2時間40分）広河原

日程＝1泊2日
歩行距離＝第1日／10・5キロ
第2日／11キロ
歩行時間＝第1日／7時間
第2日／5時間50分

5万図＝韮崎・鰍沢、2万5000図＝鳳凰山・夜叉神峠

白峰《しらね》三山の大パノラマと白砂青松の日本庭園、黄金色に彩られるカラマツ林、うっそうとした原生林など魅力に満ちた鳳凰《ほうおう》三山は秋山縦走の入門コースとして人気あるところだ。ここではポピュラーな夜叉神《やしゃじん》峠から入山し、白鳳《はくほう》峠から広河原《ひろがわら》に下山する2日間のコースを紹介しよう。

第1日 鳳凰三山は紅葉[*1]シーズンになると夏山よりも登山者の数が多い。とくに10月上旬の連休のときは稜線上の山小屋は大にぎわいだ。できれば混雑するときをはずして静かな山歩きが楽しめるような日程を組みたい。

甲府駅前から山梨交通バスに乗り、夜叉神峠登山口で下車する。鳳凰三山はマイカー[*2]を利用する登山者が多く、バス停周辺の駐車場には空スペースがないほどににぎわっている。荷物をまとめたら夜叉神峠を目指

★山小屋主人のコース・メモ①

夜叉神ノ森
岩下幸司

本コース上でのビューポイントは、10月中旬のカラマツとダケカンバの紅葉と、白峰三山が新雪に覆われる光景です。夜叉神峠は登山口からも近く、紅葉と新雪の山が眺められるすばらしいところです。

南御室小屋から薬師岳への樹林帯では迷うこともあるのでコースからはずれないようにして下さい。また、夜叉神峠の南の高谷山から桃ノ木温泉へのコースはあまり歩かれていないので、初心者は入らないように。そのほかは危険なところがないので安心して歩ける山域です。

●＊1 紅葉のベストシーズンは短く限られているため、特定の日に登山者が集中する。鳳凰三山の稜線では10月初旬がベストシーズンとなる。10月上旬の体育の日を含む連休には、稜線上の山小屋は夏山シーズン以上に混雑する。夜叉神峠のカラマツの黄葉は10月下旬がベストシーズンとなる。

❖＊2 ここで紹介するコースはマイカーを利用できる。夜叉神峠登山口に駐車して、下山時は広河原から夜叉神峠登山口まで定期バスか、タクシーを利用する。

杖立峠は小さな尾根を乗越す地点

夜叉神峠からササにおおわれた登山道を歩く

山火事跡は明るく広々とした斜面。白峰三山の眺めがよい

して登りはじめる。カラマツ林に付けられた登山道はよく踏まれているため歩きやすい。登山道に入っても登山者だけでなくハイカーも多く、にぎやかなコースだ。このあたりは10月上旬だとカラマツがわずかに黄色に染まりはじまる程度で、下旬にならなければ彩り豊かな光景は期待できない。急な山腹を進むが斜に切りながら登るため、マイペースで登ればあまり汗をかかずに登れる。クヌギ、ミズナラなどの広葉樹林も現れ、低山の魅力を楽しみながら登れる。

五本松を左に見送り、ササが茂った平坦地を右にカーブするようにたどると夜叉神峠に着く。高谷山方面に少し進むと、白峰三山が大パノラマでおおらかな山容を見せてくれる。手前の斜面は一面の草もみじ、3000メートルのスカイラインには新雪が見られ、秋の気配が漂う光景[*3]に感激するだろう。

夜叉神峠から5分も登ると夜叉神峠小屋の前に出る。小屋の前は広々とした平坦地でカラマツ越しに北岳《きた》、間ノ岳、農鳥岳《のうとり》が眺められる。小休止を取りながら夜叉神峠からの代表的な光景をゆっくり楽しみたい。日程に余裕があれば前日に夜叉神峠小屋に泊まれば[*4]、いっそう充実した山行になるであろう。

雲海に浮く富士山。砂払岳から辻山方面を返り見る

山火事跡から 苺平に向かう。立ち枯木やダケカンバの黄葉が美しい

鳳凰三山の紅葉

鳳凰三山の紅葉は、稜線と山麓では紅葉の時期が1カ月ほどズレが出てくる。薬師岳から地蔵岳に至る主稜線が紅葉に彩られるときは10月初旬。ダケカンバ、ウラジロナナカマドなどの色鮮やかな彩りが期待できる。薬師岳周辺にもダケカンバやウラジロナナカマドが多い。また、主稜線の東側はダケカンバに覆われているため、黄系を中心としたスケールの大きな秋の光景がすばらしい。稜線上には厳しい自然に耐えるカラマツの彩りも造形的にみごとである。夜叉神峠のカラマツ、ドンドコ沢、燕頭山などの広葉樹林は10月下旬から11月初旬が見ごろ。いずれにしても紅葉の時期はその年により若干異るので、事前に調べてから訪れるようにしたい。

上：厳しい環境に耐えるカラマツの黄葉
下：薬師岳ではウラジロナナカマドが10月初旬に真っ赤に色付く

●＊3　紅葉と新雪の白峰三山の大パノラマは、広角系のレンズで撮影しないと画角が広すぎて北岳、間ノ岳、農鳥岳を1枚に収めることはできない。また、足もとの草もみじやカラマツの彩りを前景として取り込むことにより、秋の感じを強く表現できるだろう。

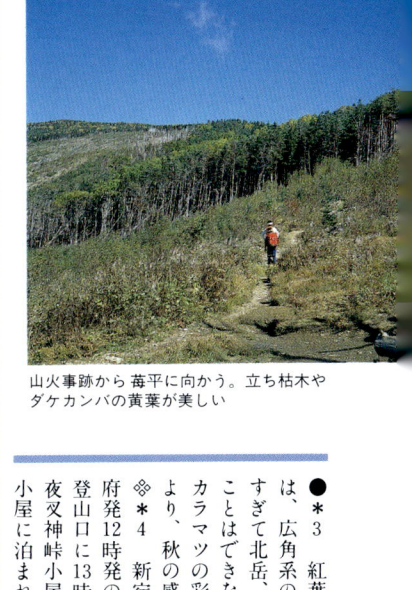

❖＊4　新宿を10時発のあずさに乗れば、甲府発12時発の広河原行きに乗れる。夜叉神峠登山口に13時14分着となり、その日のうちに夜叉神峠小屋に入ることができる。夜叉神峠小屋に泊まれば翌日の行程が楽になり、紅葉

砂払岳から薬師岳に向かう

ダケカンバに囲まれた薬師岳小屋

夜叉神峠小屋をあとにカラマツやダケカンバの間を緩く下る。甲府盆地が眺望できる鞍部からカラマツ林の東端を一気に登る。[*5] うっそうとした黒木の樹林帯に入ると傾斜が緩くなり、登りやすくなる。ひたすら高度をかせぐことに専念したいところだ。杖立峠は大崖頭山から西にのびる小尾根を乗越す地点。樹間ではダケカンバが黄色に色付きはじめ、秋の気配が感じられよう。この先は原生林がしばらく続くので、杖立峠で腰を下ろして疲れをいやしたい。

黒木の原生林を下り、登り返すと明るい山火事跡に出る。左側には白峰三山が悠々と連なる山容を見せてくれよう。山火事跡にはカラマツやダケカンバが自生し、[*6] 秋色に染まりはじめている。山火事跡の上部まで登ると、後方には富士山や南アルプス南部の山々が眺められる。シラビソの樹林帯に入り、千頭星《せんとうぼし》山からの道が右手より合流すれば苺《いちご》平に着く。[*7]

この付近の原生林は太陽の光が届かないほど密度が濃く茂っている。苺平から薄暗い原生林を30分も下れば南御室小屋の前に出る。小屋の右奥には秋でも清水が流れ、乾いたノドを潤してくれよう。南御室小屋周辺は樹海のオアシスを思わせるところで絶好の休憩地になっている。また、西側の平坦地はキャンプ指定地になっている。前夜発の場合、この付近で疲れが出てくるところだ。体調が思わしくないときか時間が遅くなってしまったときには無理をせず、南御室小屋に泊まるようにしたい。

薬師岳方面は小屋の左側より急登に取付く。10分も登れば傾斜が緩くなり、韮崎

を楽しむ時間が充分とれるようになるだろう。

◆＊5　カラマツ林の急登は30分間の頑張りが要求されるところだ。荷物が重く感じられるときは苦しい登りとなる。ペースダウンして一気に登りたい。

●＊6　山火事跡は下部と上部に分かれている。下部にはヤナギランの咲くお花畑があり、

薬師岳から眺める白峰三山。悠々と連なる3000㍍のスカイラインが美しい

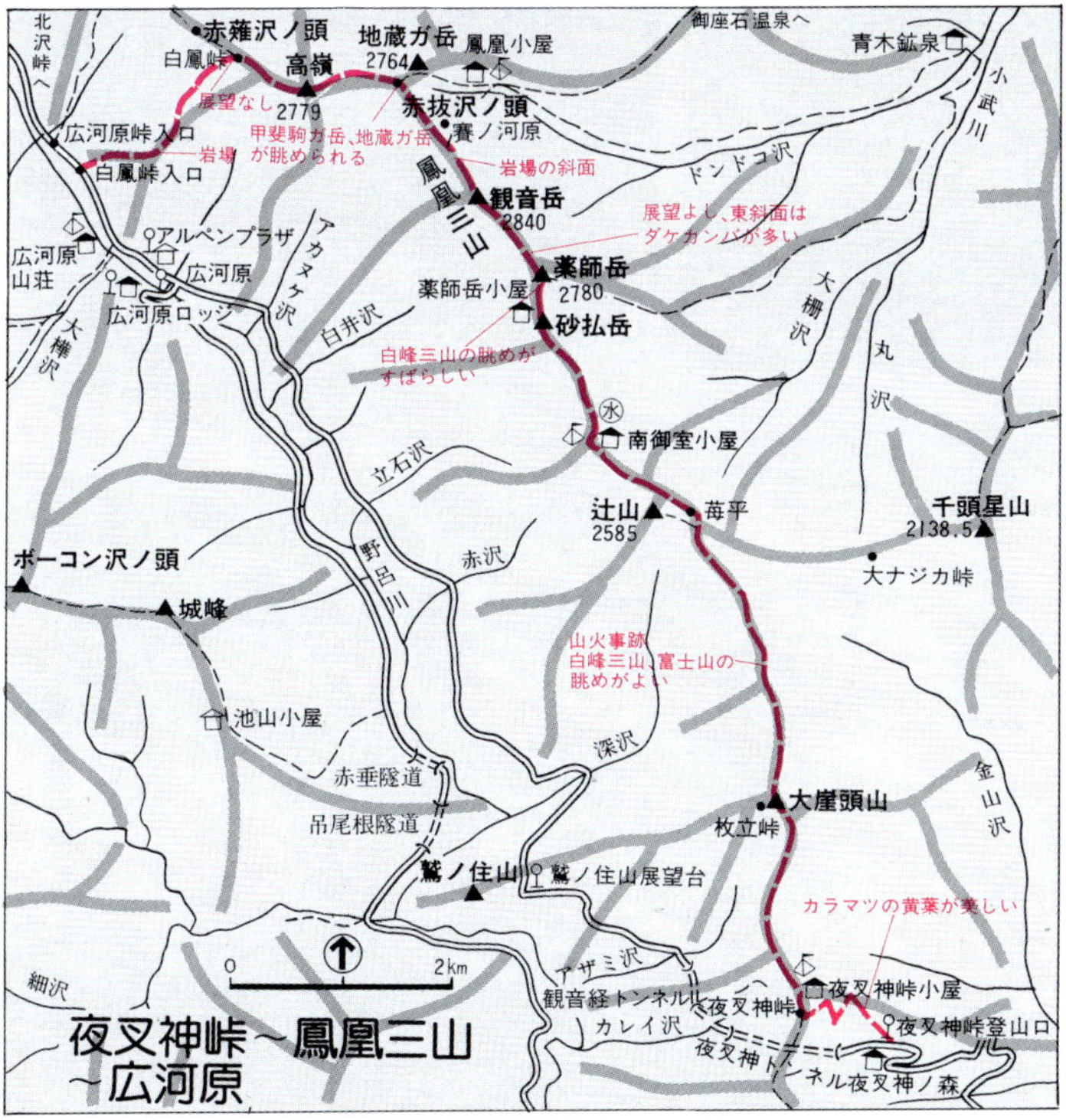

小樹林帯を抜けた上部まで登ると展望が良好になる。できれば上部まで登ってからゆっくり休憩を取るようにしたい。周辺には自生したカラマツなどの紅葉と、白峰三山の景観がすばらしい。

●＊7　鳳凰三山の稜線上で最もすばらしい原生林が見られるところ。晴れているときよ

観音岳の東斜面はダケカンバが多く、10月初旬は黄一色に彩られる

赤抜沢ノ頭へは岩場のアップダウンが続く

観音岳は巨岩の山頂で展望がすばらしい

★山小屋主人のコース・メモ

南御室小屋
関野　孝

秋の鳳凰三山は薬師岳から赤抜沢ノ頭、高嶺と縦走するにつれて北岳の山容変化が楽しめます。また、３０００《メートル》近い展望の尾根のため、南アルプス北部の山々をはじめ、八ガ岳などすばらしい眺望が期待できます。さらに、苺平から辻山へと踏跡をたどると白峰三山がすばらしいでしょう。

南御室小屋は豊富な湧水が流れているので、テント生活も楽しめます。ただし、小屋に泊まるときには遅くとも4時には到着するように心がけて下さい。また、ゴミなどは必ず持ち帰るようにして下さい。

りも雨あがりでガスに包まれているときの方が、しっとりとした美しさと南アルプスの雰囲気が漂っている。原生林のよさをじっくり肌で感じながら歩きたい。

●＊8　砂払岳山頂は薬師岳の眺望とともに、白峰三山が野呂川越しにダイレクトに対峙できる地点だ。風化された花崗岩が多く見られる山頂でもある。薬師岳方面に下った白砂の斜面にはウラシマツツジが真っ赤に色付いている。

上：稜線で見かけた厳しい自然に耐えるカラマツの巨木
下：高嶺山頂にて。後方は甲斐駒ガ岳とアサヨ峰

方面の展望が開ける。樹林帯の登りを1時間20分ほど登れば森林限界を抜け、砂払岳[*8]山頂に着く。前方にはダケカンバに囲まれた薬師岳の岩峰がみごとだ。ダケカンバが黄色に彩られる10月初旬はすばらしい光景を見せてくれよう。ダケカンバの巨木に囲まれた鞍部まで下ると、こぢんまりした薬師岳小屋がある。

第2日　薬師岳小屋から10分も登ると、薬[*9]師岳山頂に立つ。風化された花崗岩が周辺に点在し、自然が織りなす日本庭園を眺めているようだ。朝の斜光で輝く白峰三山は夜叉神峠で眺めるよりも、北岳、間ノ岳、農鳥岳がバランスよく並びすばらしい。秋色に彩られた光景を望みながら観音岳へと向かう。途中、ダケカンバやナナカマドが鮮やかに染まり、見ごとな秋景を見せてくれよう。

観音岳は花崗岩が折重った展望[*10]のピーク。甲斐駒ガ岳や地蔵岳のオベリスクが初めて顔をのぞかせてくれるところだ。薬師岳と観[*11]音岳の東斜面はダケカンバを中心とした広葉樹林に覆われ、10月初旬は美しい紅葉が期待できる。右前方に八ガ岳を眺めて、岩稜を赤抜沢ノ頭へと向かう。カラマツやダケカンバが厳しい自然に耐える光景をい

●*9　撮影山行を計画している登山者にとって薬師岳山頂は絶好のポイントだ。モルゲンロートに染まる白峰三山、薬師岳の岩峰と富士山、秋色に彩られたダケカンバ、ナナカマドと風化された花崗岩、東斜面のダケカンバの紅葉など、いくら時間があっても被写体には不自由しない地点である。

●*10　観音岳からの甲斐駒ガ岳、薬師岳と富士山がとくに印象的に眺められる。9月下旬から10月上旬にはまわりの広葉樹林が彩られるのでみごとである。

●*11　観音岳から地蔵ガ岳方面に少し下った地点から薬師岳方面を眺めると、黄葉に彩られた山腹と薬師岳、富士山が絶好のアングルで望める。

◆*12　高嶺への稜線は一部、ヤセ尾根となっているので慎重に歩きたい。赤抜沢ノ頭から早川尾根の山域に入ると登山者が少なく静かな山域になる。

◆*13　白鳳峠からの下りは樹林帯に入ってから急下降が連続する。登山道は迷いやすいところもなく安心して歩ける。途中、岩場が現れるが、スリップしないように慎重に下れば問題はない。

高嶺付近から眺めるピラミダルな北岳

樹林に囲まれた白鳳峠

たるところで見ることができよう。赤抜沢ノ頭に立つと、目前に鳳凰三山のシンボル・地蔵岳のオベリスクが望める。賽《さい》ノ河原方面に下る道は鳳凰小屋方面へ続く。

稜線伝いに紅葉に彩られた尾根[*11]をたどる。白砂の鞍部からハイマツ帯を40分も登ると高嶺に着く。大樺沢を左にしたがえた北岳の眺めが印象的だ。静かな山頂で小休止をしたら白鳳峠へと下る。

急な岩場からハイマツ帯へと入る。黄色に彩られたダケカンバがハイマツ帯に点在し、みごとな光景だ。白鳳峠は樹林に囲まれた小さな峠で、展望は得られない。白鳳峠から左に折れ、小さな岩塊が堆積した明るい斜面を下る。正面の北岳が整った山容を見せているところだ。

樹林帯に入り、急斜面[*12]をドンドン下ると、滑りやすい岩場を経て2時間20分ほどで南アルプス林道に出る。途中の広葉樹林帯では、しっとりとした紅葉が期待できる。南アルプス林道に出ると広河原までは一投足の距離である。

広河原から甲府駅までは、広河原ロッジから始発バスが出ている。

山麓の温泉

秋の山行のフィナーレとして山麓の温泉は最高である。紅葉を楽しみ、数日間の山行の汗と疲れをいやす絶好の手段が温泉であろう。温泉に入ると登下降の苦しみも忘れてしまうほど爽快な気分になるのである。

鳳凰三山や北岳の登山基地になっている芦安村には温泉が湧き、入下山時に多くの登山者が利用している。芦安温泉は明治22年に発見された含硫黄泉。村営南アルプス温泉ロッジ、岩園館、北岳荘、白雲荘など登山者が安心して宿泊できる施設がいくつもある。また、芦安から少し登った渓谷沿いには桃ノ木温泉・桃栄館がある。桃ノ木温泉は明治28年に発見された単純硫黄泉で、胃腸病、リューマチ、神経痛に効果があると言われている。

また、鳳凰三山の下山口には酸性鉄鉱泉の青木鉱泉と、酸性明礬泉で皮膚病や神経痛に効能がある御座石温泉がある。いずれも最寄り駅までの送迎がある。

高谷山から下った地点に立つ桃ノ木温泉

PART3

クロニクル of 北岳

素朴な自然が豊富に残された北岳を知るための情報とデータ

山小屋／キャンプ場／歴史／自然誌／アプローチ／登山用具／問合わせ先一覧

1 北岳の山小屋

南アルプスの中で北岳、甲斐駒ガ岳、仙丈ガ岳を中心とした北部の山域は、登山道、交通、山小屋などの施設は整っている。しかし、整備が進んだとはいえ、北アルプスと比較するとまだまだ不便な面が多い。不便さが南アルプスの特徴になっている部分もあり、このような点を考慮して南アルプスの小屋を利用していただきたい。

山小屋の規模、個室の設置、食事などについては今後の改善が期待されているが、南アルプスのよさはそのまま残していただきたいものだ。広河原と北沢峠をベースとして、北岳、仙丈ガ岳、甲斐駒ガ岳にチャレンジする登山者は年々増加している。訪ずれる登山者もファミリーから年輩者のグループまでかなり巾広い層にわたっている。素朴な自然の魅力を楽しむためにも、各々の登山者が他人に迷惑をかけないように心掛けて山小屋を利用したい。ハイシーズンは混雑するので、ちょっとした工夫をして混雑を避けるようにしよう。

広河原山荘

北岳への登山口・広河原に立つ立派な山小屋。野呂川に架けられた吊橋を渡った樹林帯の中に位置している。ウッディな外観が山小屋にふさわしい。広河原山荘の奥が広河原のキャンプ指定地になっていて、シーズン中には、色とりどりのテントが張られている。給水施設やトイレなどが整っているところだ。周辺は登山客以外の観光客の姿も多く、夏山シーズン中はにぎわっている。山荘の前には小さなベンチがあり、登山届を入れるボックスも用意されている。

山荘内部は2階、3階が宿泊客用の部屋になっている。3階部分は畳部屋があり、混雑していないときにはゆっくりできるのがうれしい。1階には食堂及び売店がある。広河原山荘の食事は夕食にワインが付き、おいしい食事であると登山者からも好評を得ている。

また、広河原山荘では、毎年コンサートを開催し、音楽好きの登山者に喜ばれている。なお、管理人の塩沢久仙さんは北岳周辺の山々を熟知し、バイオで高山植物を育てて、自然に戻すなどの研究をしている人でもある。収容人員は50人、営業期間は7月1日から10月31日まで。

ワイン付きの食事ができる広河山荘の食堂

おみやげの種類も多い

白根御池小屋

白根御池の池畔に立つ三角屋根の小屋。１９９１年に新築されたウッディな小屋で、内部に入ると木の香りが漂うほどだ。以前のプレハブ小屋も受付けなどに使用しているが、以前とは比較できないほど立派である。白根御池からは北岳バットレスをはじめ、鳳凰三山の眺めもすばらしい。池畔にはウラジロナナカマドが多く、紅葉のころは美しい彩りを見せてくれよう。管理人の森本富盛さんは夫婦で小屋に入り、登山者の面倒を見てくれている。収容人員80人、営業期間は7月1日から10月31日。白根御池周辺はキャンプ指定地になっている。最近は、白根御池小屋に荷物を置き、身軽にして北岳をピストンする登山者も多い。

北岳肩ノ小屋

北岳山頂直下３０１０メートル地点に位置し、北岳まで30分ほどの近さにある。小屋前には広々とした平坦地があり、仙丈ガ岳、甲斐駒ガ岳、富士山などの眺望がすばらしい。尾根の東側がキャンプ指定地になっている。初夏から紅葉シーズンまでカラフルなテントが張られるところだ。

北岳肩ノ小屋は夏山シーズン中でも比較的混雑することが少なく、ゆったりと寝ることができる。最近では大樺沢右俣コースを利用して北岳肩ノ小屋に泊る登山者が増えつつある。早朝、小屋の前に出れば、鳳凰三山越しに顔を出す荘厳な御来光を簡単に眺められる。

現在は森本録郎さんの長男・森本茂氏が中心になって小屋を仕切っている。録郎さんも毎年、自分の足で登り、北岳が少しづつ変化する様子を見守っているようだ。最近では森本茂氏の人柄のよさにほれ込んで、毎年登ってくる登山者が多くなったと聞いている。

小屋の内部にはストーブが置かれ、ストーブを囲みながら酒をくみ交わしたり、話にはずむ光景が見られる。北岳肩ノ小屋は撮影のベースとして利用するカメラマンも多く利用している。7月上旬の高山植物が咲くころから11月初旬の新雪のころまですばらしい作品が期待できる地点である。収容人員は１８０人、営業期間は6月20日から11月上旬まで。

小太郎尾根に立つ北岳肩ノ小屋

ストーブを囲めば話しもはずむ

混雑しているときには交代で食事をとる

芦安村営山梨県北岳山荘

北岳と中白峰の鞍部に位置している。南アルプスで最もモダンな小屋のひとつで、鉄骨造り2階建てのデザインは、建築家の黒川紀章氏によるものだ。特徴は明るい広々とした展望食堂があり、食事をしながら日本一の富士山を眺められること。食堂には山岳関係の写真集や雑誌、ガイドブックが置かれ、食事後、混雑していなければ見ることができる。3000㍍の稜線にありながら、水洗トイレが使用できる。ただし、水は下からポンプアップしているので、ムダな使用は避けたい。宿泊用の部屋は2階にあり、大部屋と20人位収容の中部屋がいくつかある。小屋には公衆電話が取り付けられているので、緊急のときには便利だ。食事は設備が整っている小屋だけに冷凍食品を使用せず、手づくりのおいしい食事が出される。しかし、夏山シーズン中のにぎわいはかなりのもので、南アルプスの中で最も混雑する小屋である。利用する場合は週末を避けるなどの工夫が必要だ。

小屋の周辺はハイマツ帯で高山植物が多く、山荘から北岳山頂にかけての東斜面は日本を代表するお花畑として知られている。中白峰への尾根路ではライチョウが親子連れで遊んでいることもある。

管理人の内藤忠さんは山が好きで、登山道の整備や遭難者の救助などを積極的に行なっている。収容人員は150人、営業期間は7月1日から11月上旬まで。

食堂では手作りの料理がいただけるほか、山岳図書が置いてあり休憩室にもなっている

上：たいへん混雑する山小屋なので、自分の荷物はつねに整理しておこう　左：夏には山岳診療所が開設される

農鳥小屋

間ノ岳と西農鳥岳の鞍部、2800㍍地点に立つ小屋。白峰三山縦走の重要な中継基地として、2日目に泊まる登山者が多い。まわりは城壁のように石が積まれ、石の壁に囲まれた中にいくつかの建物がある。富士山をはじめ、間ノ岳、農鳥岳の眺めがすばらしい。先代から引き継いだ深沢糾氏が精力的に経営を行なっている。ガイドブックだけに頼って山歩きをするのではなく、自分自身でコースを見つけて歩いて欲しいと、登山者に話している人だ。深沢さんのおすすめコースは、熊ノ平まで足を延ばし、三国平から農鳥小屋への静かなコースが楽しいとのこと。小屋の手前はキャンプ指定地になっている。収容人員は150人、営業期間は7月1日から11月3日までで、期間外は一部開放している。

大門沢小屋

大門沢下降点から2時間30分ほど下った大門沢右岸に立つ小屋。樹林に囲まれた静かな環境で、絶好の休憩地になっている。小屋の前が見晴しのよいキャンプ指定地だ。シーズン中は深沢文敏さんが奥さんとともに登山者を暖かくもてなしてくれる。大門沢の激しい急下降が終わったあとだけに、大門沢小屋に到着するとホッと一安心するところだ。前日、北岳山荘か北岳肩ノ小屋に泊まれば、時間的には大門沢小屋まで下ることは可能である。

大門沢の清流が心地よく響き、ゆっくり休める小屋で、大門沢小屋から少し下った右岸の広葉樹林帯では、新緑や紅葉のころ、素朴な自然が肌で感じられる。白峰三山を逆コースで登る場合は、ほとんどの登山者が泊まる小屋である。収容人員は90人、営業期間は7月1日から10月31日。

両俣小屋

野呂川源流の両俣に立つ。山深い谷間の小屋で、南アルプス北部の中では最も静かな環境だ。こぢんまりした小屋であるが、

仙丈ガ岳から塩見岳、北岳への縦走時には必ずお世話になる。管理人は星美知子さん。薪ストーブとランプの光ですごす山小屋。収容人員30人。7月1日から10月31日まで営業。

熊ノ平小屋

北岳、仙丈ガ岳から塩見岳への縦走コースの中継小屋。熊ノ平には手垢のつかないお花畑が広がり、清水も湧き、楽しいテント生活ができるところだ。熊ノ平小屋は木造りの小屋でよく整理され、きれいに磨かれている。管理は北村敏郎さん。収容人員は70人。7月下旬から8月31日まで営業。

■そのほかの山小屋と避難小屋

白峰三山から塩見岳にかけては紹介した山小屋のほかに、池山小屋と三伏小屋がある。池山小屋は池山吊尾根を下り、湿地帯を思わせる池山お池の手前に立っている。以前は荒廃して使用できなかったが、最近新しく建てられた。三伏小屋は三伏峠から三伏沢に沿って下った地点に立ち、三伏峠小屋の管理人が見回って管理している。水も豊富だ。

仙丈ガ岳周辺では、藪沢小屋が小仙丈尾根五合目と馬ノ背を結ぶコース上に立っている。夏山シーズン中は管理人が入るので、素泊りができる。小さな小屋で収容人員は30人ほど。仙丈ガ岳の藪沢カール底には仙丈避難小屋が立ち、30人ほど入れる。

甲斐駒ガ丈周辺では黒戸尾根五合目の屏風小屋があるが、ほとんど利用されていない。戸台川赤河原に立つ丹渓山荘は、5月の連休と年末年始のみ営業。

仙丈避難小屋（上）と藪沢小屋

塩見小屋

塩見岳から三伏峠方面に下った権右衛門山との中間地点・2760㍍に位置する、こぢんまりした平屋の小屋。'77年に完成した小屋で、ほのぼのとした家庭的な雰囲気が強く感じられる。厳しい環境に耐えられるように尾根から一段下ったところにあり、小屋の前は小さなキャンプ指定地になっている。塩見小屋からの眺めはすばらしく、鋭いピークの塩見岳をはじめ、北アルプス、中央アルプス、白峰三山、荒川三山などが眺望できる。主人の河村正博さんが夫婦で登山者の面倒を見ている。何よりもあたたかい家庭的な雰囲気が伝わってくる南アルプスらしい山小屋である。収容人員は40人、営業期間は7月1日から9月25日。

三伏峠小屋

シラビソの樹林に囲まれた三伏峠に立つ小屋。平屋の大きな小屋は中央が土間で、両側が宿泊用の広い部屋になっている。昔ながらの小屋であるが、寝具、食事付きで泊まれる。経営は山塩館であるが、原一雄、浜中愛之助さんが管理している。収容人員は100人、営業期間7月上旬から8月31日。

塩川小屋

塩川土場のバス停及び駐車場の高台に位置している。カラマツに囲まれた小屋で正面には塩川が望める。小屋では休憩とともにお風呂に入ることができるのでありがたい。塩川小屋から少し下った樺沢小屋も伊藤富恵さんが管理している。11月上旬は塩川沿いの紅葉が美しい。収容人員は100人、通年営業。

大平山荘

北沢峠から長谷村側へ10分ほど歩いた地点に立っている。南アルプス林道沿いではあるが、登山者や観光客が少なく静かで落ち着いている小屋だ。南アルプスのよさを残した小屋で、ストーブの煙突からの煙が周囲の自然にマッチして、のどかな光景を見せている。山荘の窓からは北アルプスの山並みが望め、紅葉のころがすばらしい。

2代目・長衛の兄である竹沢重幸さんが奥さんとともに小屋を守ってきたが、現在は息子の信幸さんが小屋に入っている。重幸さんは馬ノ背への藪沢新道を整備し、そのコースは重幸新道とも呼ばれている。収容人員120人、営業期間は6月15日から11日10日と年末年始、5月連休。

長衛荘

北沢峠のバス停前に位置している。周囲はうっそうとした原生林に囲まれているが、長谷側、芦安側から観光目的のハイカーも多く、シーズン中はいつもにぎわっている。2階建ての小屋で、中心部にストーブが置かれている。南アルプスの水が豊富に流れているので、この水で入れたコーヒーや山菜そばがおいしい。登山者にも人気の高いメニューだ。また、小屋には公衆電話が設置されている。

長谷村開発公社の経営であるが、管理は北沢長衛小屋と同様に2代目長衛が小屋を守っている。収容人員は１５０人、営業期間は4月29日から11月15日と年末年始。

北沢長衛小屋

北沢峠から仙水峠方面に10分ほど歩いた北沢沿いに立つ小屋。南アルプス開拓の主・初代竹沢長衛が１９３０年頃に建てた山小屋で、現在は2代目長衛が小屋を守っている。秋のころはストーブを囲みながらのんびりできる。手前の岩には初代長衛のレリーフがはめ込まれ、テント場のにぎわいを見守っているようだ。夏にはヤナギランが咲き美しい。小屋前の河原がキャンプ指定地になり、初夏から紅葉シーズンはテントの花が咲く。2代目長衛の竹沢昭一さんは登山道の整備に熱心で、最近は小屋の前から栗沢山へ直接登る登山道が整備された。収容人員１５０人、営業期間6月15日から11月15日と年末年始、5月連休。

■北岳のキャンプ指定地

北岳、甲斐駒ガ岳、仙丈ガ岳を中心とした山域のキャンプ指定地はほとんどが小屋付近にある。水場などに恵まれているため、テント利用の山行も充分楽しめるところである。

白峰三山周辺では広河原、白根御池などが絶好のキャンプ指定地だ。稜線に出ると北岳肩ノ小屋、北岳山荘、農鳥小屋と展望がすばらしい地点でテント生活が楽しめる。塩見岳方面に向かうと、熊ノ平、雪投沢源頭、三伏峠など豊富な流水が得られる静かなキャンプ指定地がある。

仙丈ガ岳、甲斐駒ガ岳周辺では北沢長衛小屋付近、仙水小屋、藪沢カール底と水場に恵まれたすばらしいキャンプ指定地がある。黒戸尾根七合目にも指定地が確保されている。

鳳凰三山、早川尾根では南御室小屋、鳳凰小屋、早川尾根小屋に静かで落ち着いたキャンプ指定地がある。

北沢峠(上)と北岳山荘前で

仙水小屋

仙水峠手前の北沢源流左岸に立つ静かな小屋。正面におおらかな小仙丈ガ岳が眺められ、新緑、紅葉のころはすばらしい南アルプスの光景が期待できる。1985年以前は北沢小屋と呼ばれていた。管理人の矢葺敬造さんは根っからの山好きで、中国やパミールなど海外の山に本格的に出掛けている。また、矢葺さんの人柄により、多くの人々が集まり北沢倶楽部を結成している。

仙水小屋は小さな小屋であるが、楽しい小屋である。山では考えられないおいしい食事が好評で、クラシックを聞きながらの夕食に感激した登山者も多数いるようだ。矢葺さんのアイディアにより水力発電なども積極的に取り入れている。収容人員は30人、営業期間は通年。

馬ノ背ヒュッテ

小屋内部から眺望が楽しめる

馬ノ背の東斜面2640メートル地点に立つ。ウッディな造りの落ち着いた小屋で、女性に人気がある。1986年に新築され、大きいが丸太を組んでいるので外観も内側も木の香りが漂っている。北沢峠から藪沢新道を2時間40分ほどの行程のため、シーズン中の週末はいつもにぎわっている。小屋にはいくつかの個室があり、水は豊富だ。

小屋の周辺には彩り美しい高山植物が咲き、馬ノ背の尾根まで登ると密度の濃い花畑が広がっている。秋の紅葉もダケカンバの黄葉が美しいところ。主人は上島恵理雄さんで写真と園芸が趣味だそうだ。収容人員は80人。営業期間は7月15日から8月31日までと9月1日から10月10日の週末。

駒ガ岳七丈小屋第1・第2

第1小屋(上)と第2小屋(下)

甲斐駒ガ岳の黒戸尾根七合目に立つ小屋。森林限界に近いため、眺望には恵まれている。険しい岩尾根にへばり付くようにして建てられたきれいな小屋である。仙水小屋、早川尾根小屋同様に矢葺さんが小屋を守っているが、シーズン中の管理人は宮下隆英さんが登山者の面倒を見ている。高所にありながら小屋付近で水が得られるのでありがたい。

七合目には七丈小屋第1と現在は通年開放の七丈小屋第2がある。第2小屋は第1小屋の上部にあり、さらに登ると黒戸尾根のキャンプ指定地がある。黒戸尾根の中継小屋として利用する登山者が多い。収容人員100人、営業期間7月上旬から10月中旬。

甲斐駒五合目小屋

黒戸尾根の五合目に位置する。南アルプスの中でも最も歴史がある小屋で１００年間以上も信仰登山の中継小屋として利用されてきた。主人の古屋義成さんは60年以上も長きにわたり山に入っている。興味深い話しを聞くことができる。収容人員は40人、営業期間7月中旬から10月中旬。

御座石温泉

燕頭山から下った地点に立つ3階建ての立派な宿である。以前は鉱泉だったが最近、ボーリングをして温泉が湧いた。周辺は静かな谷間で、豊富な自然が魅力である。秋になるとキノコが採れるところだ。主人は細田芳三さん。穴山駅までは利用者専用のマイクロバス（有料）もある。収容人員は３００人。

青木鉱泉

ドンドコ駅から鳳凰三山へ登るコースの登山口に位置する静かな鉱泉宿。カラマツに囲まれ、新緑と紅葉のころは大自然の美しさが肌で感じられる。昔の面影が残る建物がうれしい。送迎車（有料）を韮崎駅まで出している。主人は堤宏さん。収容人員１００人、営業期間は4月中旬から11月末日。

鳳凰小屋

鳳凰三山のシンボル・オベリスクから30分ほど下った樹林に囲まれた地点に立つ。木造りの2階建ての小屋で、秋にはナナカマドが真っ赤に彩られるところ。主人の細田倖市さんは動物や植物を専門としているプロのカメラマン。収容人員は７００人。4月下旬から11月下旬まで営業。

早川尾根小屋

早川尾根ノ頭直下の樹林帯の中に立っている。早川尾根は登山者が少なく、素朴な自然が残された山域にピッタリした山小屋だ。外装は素朴な丸太造りでまわりの風景にピッタリマッチしているため、落ち着いて泊まれる小屋。夏山シーズン中でも、南アルプスのよさが肌で感じられるところだ。小屋の窓からは、居ながらにして北岳がモルゲンロートに染まる一瞬が眺望できる。小屋付近にあるテント場は、尾根上にありながら夏でも冷たい水が流れているので、絶好のキャンプ指定地になっている。学生など、時間に余裕がある人たちのパーティの利用が多いようだ。

小屋の管理は小屋に入って8年目のベテランの中田隆夫さんが担当している。収容人員は30人、営業期間は7月上旬から10月中旬まで。

南御室小屋

苺平と砂払岳の鞍部に立つ素朴な小屋。うっそうとした樹林帯にオアシスを思わせる草地が広がり、静かですばらしいところだ。水が豊富な、絶好のキャンプ指定地にもなっている。小屋の内部にはストーブがあり、おいしいコーヒーを飲むことができる。管理人は関野孝さん。収容人員１００人、営業期間4月下旬から11月25日と年末年始。

薬師岳小屋

薬師岳と砂払岳との鞍部に立つ小屋。ダケカンバの巨木に囲まれ、新緑や紅葉のころは美しいところだ。プレハブ造りでこぢんまりした小屋で、寝具などは用意されている。紅葉が見ごろの9月下旬から10月初旬の週末は、小さな小屋が超満員になるほど人気がある。薬師岳小屋の魅力は、薬師岳山頂まで近いので、白峰三山の絶景と白砂青松の日本庭園を思わせる光景がすぐに楽しめる点にある。

自然も豊富で、ボウオウシャジンやタカネビランジが咲き、周氷河作用（寒冷気候下でおこる地表の周期的な凍結融解作用）により、条線土（構造土の一種）も見ることができる。白峰三山や薬師岳を撮影するカメラマンの絶好のベースになっている小屋でもある。

小屋の主人小林賢さんは、落ち着いた物静かな人物である。そのような小林さんの人柄により、薬師岳小屋には何度も訪ずれる登山者が多いようだ。小林さんはスキーはプロ級の腕であり、カメラ、ビデオなども山小屋に持ち込んで、積極的に撮っている。収容人員１００人、営業期間は4月下旬から11月下旬と年末年始。

主人の小林賢さん

夜叉神峠小屋

夜叉神峠の北へ少し登った地点に立つ。正面にはカラマツ越しに白峰三山が眺望できる。こぢんまりした小屋であるが、あたたかい角田英司さん夫妻が登山者の面倒を見てくれる。ヤナギランが咲く盛夏と、カラマツが黄金色に輝く秋はすばらしい。収容人員は30人、4月上旬から1月中旬まで営業。

夜叉神ノ森

夜叉神峠登山口に立っている。山小屋というよりはおみやげや軽食が主体の小屋だ。そのため2階建てであるが、収容人員は30人と少ない。小屋の周辺は駐車場になっているので、夏から秋にかけてマイカー登山者でにぎわっている。小屋の主人は岩下幸司さん。営業期間は4月下旬から11月下旬と年末年始。

2

北岳の歴史

北岳も甲斐駒ガ岳も信仰登山により登られた山だ。北岳は芦安村の行者、名取直江によって明治4年に初めて独力で北岳登山の道が拓かれたと言われている。このときのコースは広河原から白根御池経由だったそうだ。その後、明治41年に小島烏水が北岳の山頂に立ったとき、石祠などが置かれていたことが確認されている。これらの石祠などの資料によると、木曽の庄屋・中村儀助が江戸城修復の用材調達の命を受け、天保年間に入山したとのことだ。このとき何人かが北岳に登ったと儀助の覚書に残されているのも確認されている。

アルペンプラザ前の広場に安置されているレリーフ

名取直江の開山以後の登頂は、明治35年ウェストンによって実現した。ウェストンはこのあと、明治37年にも北岳から間ノ岳、仙丈ガ岳に登っている。吉村武雄氏により山頂に3等三角点が置かれたのもこの年だ。また、明治38年には伊達九郎氏らが白根御池から小太郎尾根経由で登頂し、日本人としては初めての記録を「白峰北岳登攀記」に残している。明治37年から40年にかけて何人もが北岳の絶頂に立っている。この数年間が北岳の黎明期で最も盛んに登られたときである。

明治から大正にかけては材木を伐採するため、芦安から多くの人々が広河原まで入っている。このころの注目すべき記録としては、小島烏水の白峰三山縦走（明治41年）と、武田久吉博士の北岳から仙丈ガ岳への縦走（大正7年）の記録だろう。

登山者のために山小屋が建てられたのは大正13年である。広河原、北沢、早川尾根、両俣、間ノ岳などに間口2間4尺、奥行3間ほどの小さな小屋が建てられた。この小屋は、同年山梨師範学校山岳部により利用されている。

甲斐駒ガ岳は古くから霊峰として信仰の対象になっていた。初めて信仰登山としての登山道を開いた人物は江戸時代まで遡り、文化13年の延命行者・小尾権三郎によるものと伝えられている。当時のコースは、横手の駒ガ岳神社前宮から黒戸尾根をたどり、駒ガ岳山頂本社まで。霊峰へのコースが開かれたことにより、甲斐の人々が駒ヶ獄教として講を組んで盛んに登ったようだ。黒戸尾根から山頂に至る道の脇には石碑がいくつも残されている。これらを調べると、明治年間から大正にかけて最も盛んに登られたと記憶されている。

また、初代竹沢長衛は18歳ぐらいから山案内を始め、大正年間には多くの人々を案内した。昭和年間に入っても仙丈ガ岳への藪沢新道や甲斐駒ガ岳の双児山から六方石を経て甲斐駒ガ岳への登山道を開拓した。

3 北岳の自然誌

地形

残雪が豊富な初夏の大樺沢二俣

山の地形は造山運動と浸食作用により、長い時間をかけて形成されたものである。中でも南アルプス北部の仙丈ガ岳や甲斐駒ガ岳周辺では、フォッサマグナと中央構造線が接触する地点で、地質学的にも注目されているところだ。このような中にあって南アルプス北部の山々は今でも活発に造山と浸食が続けられている山である。北アルプスは浸食が進み鋭い山が多いが、南アルプス北部の仙丈ガ岳をはじめとする山々は山頂付近に平坦地が多く、それだけに若い山地であるといえる。

地蔵ガ岳のオベリスクは鳳凰三山のシンボル

北岳や甲斐駒ガ岳が属する赤石山系は緯度が低く、夏に降雨が多いために森林限界が高い。このため、大部分の山々はうっそうとした原生林に覆われ、山全体にしっとりとした重厚感が漂っている。この中にあって甲斐駒ガ岳と鳳凰三山は花崗岩が主体のため、明るいイメージが強く、南アルプス北部の中では独特の雰囲気をもっている。仙丈ガ岳では氷河期の名残のカールやターミナルモレーン、二重山稜などが観察できる。また、薬師岳山頂では周氷河作用による条線土を見ることができる。さらに、鳳凰三山のシンボル・地蔵岳のオベリスクは、花崗岩の節理により形成されたトア(岩塔)である。薬師岳山頂にも多くのトアが見られ、すばらしい日本庭園を造っている。

南アルプスには深い谷が多い

樹木と花

南アルプスの山々にはすばらしい原生林が多く残されている。コメツガ、シラビソ、モミ、カラマツなどの針葉樹林が亜高山帯を中心に多い。これらの針葉樹林帯の多く

①栗沢山への登路にはハイマツとダケカンバが多い　②6月下旬に咲くキタダケソウ　③南アルプスの紅葉の主役はダケカンバだ　④鳳凰三山で見かけた幼鳥

はうっそうとした原生林を形成し、南アルプスを重厚にする一翼を担っている。広葉樹林はダケカンバが森林限界直前まで多く見られよう。このほかにカツラ、ブナ、ミズナラなどの樹が低地に自生している。北岳、甲斐駒ガ岳の紅葉はダケカンバが中心で黄一色に彩られみごとだ。

　北岳は高山植物の宝庫である。山頂から北岳山荘に至る南東側斜面には北岳の固有種がほとんど見られるお花畑が広がっている。6月下旬、まず最初に残雪が消えた斜面には清楚なキタダケソウが咲きはじめ、北岳に花の季節を告げるのである。7月上旬から下旬にかけてはハクサンイチゲ、オヤマノエンドウ、キバナシャクナゲがみずみずしい花の競演を見せてくれよう。北岳で見られる代表的な高山植物の固有種はキタダケソウ、キタダケトリカブト、キタダケキンポウゲ。ほかにハハコヨモギ、ミヤマハナシノブ、ハクサンイチゲなど数えきれないほどの花が咲き乱れる。主なお花畑は、北岳山頂南東斜面、草すべりから小太郎尾根、中白峰東側、八本歯のコル周辺である。存分に花の山旅が楽しめる山だ。

　仙丈ガ岳は馬ノ背のクロユリ、キバナシャクナゲ、シナノキンバイが多く見られる。藪沢カール底ではキバナシャクナゲ、ヨツバシオガマなどが群落し、みごと。

　甲斐駒ガ岳は花崗岩の砂の斜面にタカネツメクサが可憐な花を咲かせる程度で、高山植物は比較的少ない山である。

　また、熊の平周辺ではハクサンフウロやマルバダケブキが多く見られる。

動物・鳥

　白峰三山を中心とした尾根路にはライチョウが多く生息している。時々、登山道に子供連れで姿を見せてくれることがある。氷河期の名残であるライチョウの生息条件のひとつとして、広々としたハイマツ帯に草原がモザイク状に広がっていることがあげられる。南アルプスはこのような条件を備えている最南限だと言われている。このほかに、カモシカ、ホシガラス、イワヒバリなども生息している。

4 北岳へのアプローチ

白峰三山へ

北岳、白峰三山への登山口・広河原へは中央本線甲府駅前のバスターミナルから山梨交通バスが運行されている。南アルプス林道から渓谷美を楽しみながら2時間5分ほどの行程だ。夏山シーズン中は3時5分の始発から14時5分までの9便運行されている。運行期間は6月1日から11月初旬まで。マイカーを利用する場合は中央自動車道の甲府昭和ICで下りて、国道を韮崎方面にしばらく進む。芦安・夜叉神峠方面の標識に導かれて、南アルプス林道に入る。広河原には広い駐車場があるので利用できる。

白峰三山の下山口・奈良田から身延線の身延駅までは山梨交通バスが運行されている。奈良田—身延駅間は通年運行である。夏山シーズン中は農鳥岳登山口の第1発電所始発の身延駅行きが1日3便運行される。

南アルプスの中でも広河原へのアプローチは最も恵まれて便利である。バスを利用する場合は事前に時刻を調べておくこと。また、甲府駅—広河原間は人数さえまとまればタクシーを利用してもよい。

北岳から両俣に下った場合は、両俣小屋を経て林道を野呂川出合（北沢橋）まで約2時間30分歩き、広河原行きの芦安村営バスに乗る。

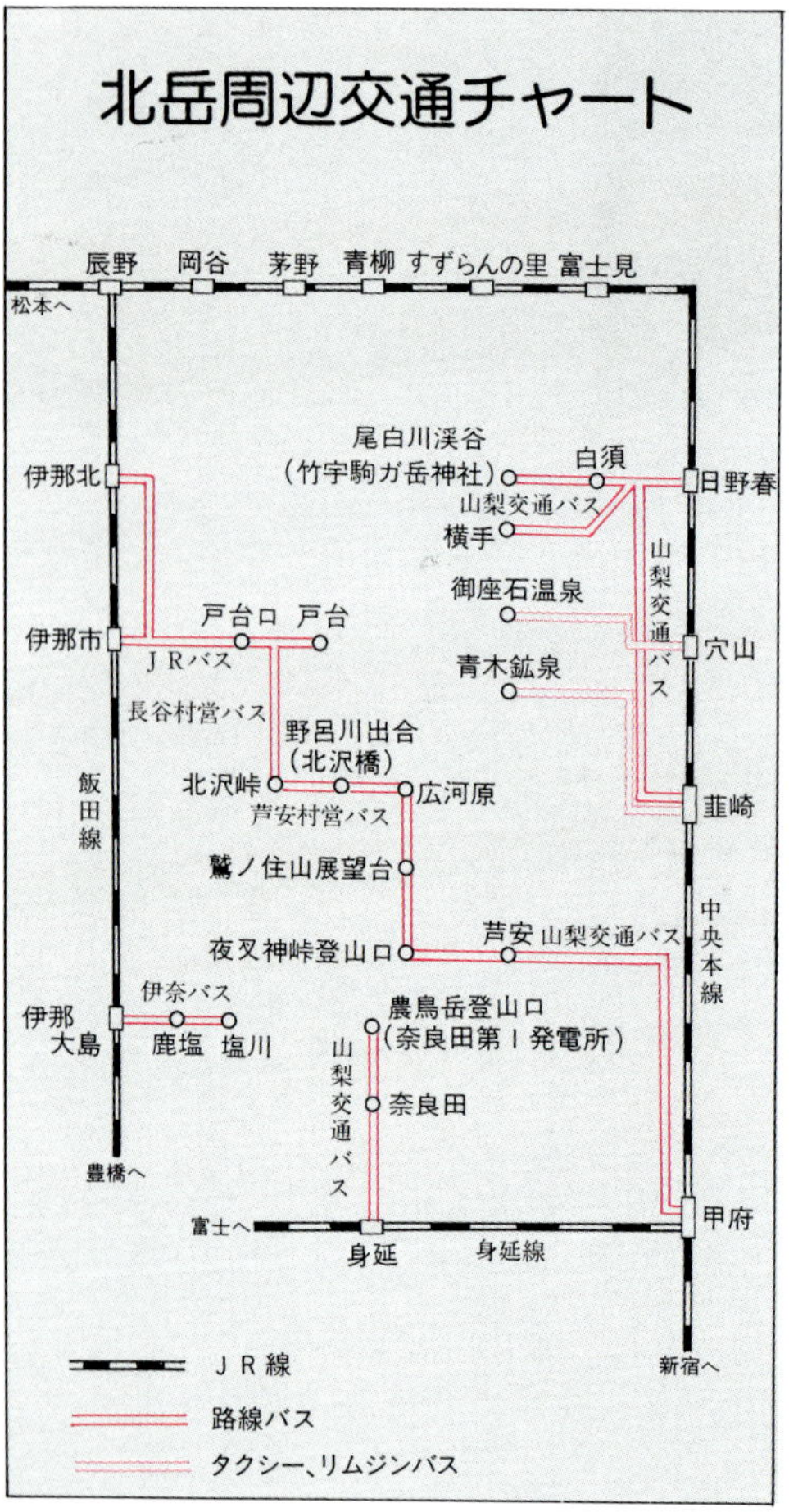

北岳周辺交通チャート

甲斐駒ガ岳・仙丈ガ岳へ

甲斐駒ガ岳への登山口は北沢峠と尾白川渓谷の竹宇駒ガ岳神社の2箇所ある。仙丈ガ岳は北沢峠をベースに登られる。

北沢峠は芦安村の広河原と、長谷村の戸台口から入ることができる。北沢峠へはマイカーの乗り入れは禁止されているのでバスを利用する。広河原からはアルペンプラザの裏手より芦安村営バスが1日4便運行。始発が9時と遅いので注意したい。所要時間は25分。運行期間は6月15日から11月初旬。伊那北駅から戸台口までは高遠乗換えのJRバスで入る。戸台口から北沢峠までは長谷村営バスで1時間ほどだ。戸台口の始発は6時25分で1日4便運行される。

竹宇駒ガ岳神社へは韮崎駅から尾白川渓谷行きのバスに乗り、45分ほど。夏山シーズンのみの季節運行である。

鳳凰三山へ

夜叉神峠登山口へは甲府駅から広河原行きの山梨交通バスに乗り、1時間20分ほどだ。マイカー利用の場合は、夜叉神ノ森周辺に駐車場がある。

青木鉱泉からは宿専用の送迎車が韮崎駅まで運行されている。また、タクシーを利用することもできる。御座石温泉からは穴山駅へ宿専用のマイクロバスが運行。いずれの場合も入山時は予約が必要になる。予約時に料金などは確認しておきたい。

塩見岳へ

三伏峠への入下山口・塩川土場は飯田線・伊那大島駅から伊那バスが夏山シーズンのみ季節運行している。1日2便と少ないので注意しよう。伊那大島駅からはタクシーを利用することもできる。

①新宿駅始発の特急かいじ ②甲府駅前のバスターミナル ③広河原から北沢峠行きの芦安村営バス ④広河原にある広々とした駐車場 ⑤戸台口から北沢峠行きの長谷村営バス ⑥広河原から甲府駅行きのバス始発は広河原ロッジだ ⑦奈良田からは身延駅に出て甲府に向かう

5 登山用具

北岳や甲斐駒ガ岳に登るからといって特別にほかの山と異る用具は必要ではない。ただし、本書で紹介してある山々はいずれも3000メートルの山々である。これらの山を歩く場合に必要な用具を、目的、日程、季節などによりはっきりさせることが大切だ。

持参した用具の機能、性能を使いこなすのは本人であることを忘れないようにしよう。

山々を歩き、急登を長時間登る場合などは、荷物はできるだけ軽量の方が疲労が少なく、爽快な山歩きができることは言うまでもない。初めて山に登る登山者の場合、不必要な装備まで持つか、必要な装備を持たずに極端な軽装をするかのどちらかの場合が多い。何度か経験することにより自分で判断できるようになるのだが、経験者に相談するとよいだろう。

夏の北岳で必要な用具は次の通りである。軽登山靴、上下セパレート式雨具、防寒具としてのセーター、水筒、地図、コンパス、は絶対に忘れてはならない用具である。また、高山植物図鑑を持参すれば花の山旅がいっそう、楽しくなるだろう。

《登山装備一覧表》

◎無積雪期△積雪期

品名	◎	△	チェック
●服装(＊印は積雪期は毛がよい)			
長袖シャツ ＊	○		
半袖シャツ	○		
スラックス ＊	○	○	
ショートパンツ	○	○	
肌着(上下) ＊		○	
ソックス ＊	○	○	
帽子(日よけ)	○		
目出帽 ＊		○	
手袋 ＊	○	○	
セーター ＊	○		
オーバーヤッケ		○	
オーバーズボン		○	
オーバー手袋		○	
ロングスパッツ		○	
替靴下・手袋 ＊		○	
●行動用品			
登山靴		○	
軽登山靴	○		
ザック	○	○	
サブザック	○	○	
ストック		○	
12本爪アイゼン		○	
4本爪アイゼン	○		
雨具	○	○	
傘	○	○	
ビニール袋(大、小)	○	○	
水筒	○	○	
テルモス	○	○	
ヘッドランプ	○	○	
予備電池	○	○	
ナイフ	○	○	
コンパス	○	○	
地図	○	○	
バンダナ	○	○	
タオル	○	○	
サングラス	○	○	
日やけどめクリーム	○	○	
リップクリーム	○	○	
ティッシュ	○	○	
ツェルト	○	○	
●キャンピング用品			
テント	○	○	
フライシート	○		
内張		○	
ウレタンマット	○	○	
シュラフ	○	○	
シュラフカバー	○	○	
ストーブ	○	○	
燃料	○	○	
コッヘルセット	○	○	
食器類　カップ	○	○	
ローソク	○	○	
ライター(マッチ)	○	○	
ロールペーパー	○	○	
●緊急対策用具			
ファーストエイドキット	○	○	
薬品	○	○	
非常食	○	○	
●その他			
カメラ	○	○	
フィルム	○	○	
時計	○	○	
ラジオ	○	○	
天気図用紙	○	○	
筆記用具	○	○	
温度計		○	
トランシーバー		○	
健康保険証	○	○	

ICI石井スポーツ

本書の取材では多くのICI石井スポーツの登山用品を使用。同社は使用する登山者の立場に立ち、登山用品の販売及びザック、登山靴、ウェア、雨具などオリジナル商品の開発に取り組んでいる。初心者からベテランまでを対象にしたラインナップを揃え、用品選びには豊富な知識を持ったスタッフのアドバイスが受けられる。

上：ICIのアイゼン売り場にて、左：ザックやウェアがすべて揃っている

問合わせ先一覧（交通・宿泊・観光情報）

●北岳の山小屋・宿泊施設&避難小屋

名　　称	収容	開設期間	連絡先電話・氏名（会社名）	現地(夏山)電話
◆山小屋&宿泊施設				
広河原山荘	50	7/1～10/31	☎0552・88・2111　芦安村役場観光係	☎0552・84・2708
国民宿舎広河原ロッジ	80	6/1～11/上	☎0552・37・0131　山梨交通㈱事業課	
白根御池小屋	80	7/1～10/31	☎0552・88・2111　芦安村役場観光係	
北岳肩ノ小屋	180	6/20～11/5	☎0552・88・2180　森本録郎	
芦安村営北岳山荘	150	7/1～11/上	☎0552・88・2111　芦安村役場観光係	
農鳥小屋	150	7/1～11/3	☎0556・48・2533　深沢　糾	
大門沢小屋	90	7/1～10/31	☎0556・48・2648　深沢文敏	
両俣小屋	30	7/1～10/31	☎0552・88・2111　芦安村役場観光係	
奈良田温泉七不思議の湯・白根館	23	通年	☎0556・48・2711	
西山温泉蓬莱館	150	通年	☎0556・48・2211　天野清次	
熊ノ平小屋	70	7/下～8/31	☎0547・46・1551 ㈱東海フォレストサービス事業部	
塩見小屋	40	7/1～9/25	☎0265・98・2889　河村正博	
三伏峠小屋	100	7/上～8/31	☎0265・39・2303　山塩館	
塩川小屋	100	通年	☎0265・39・2547　伊東富恵	
戸台山荘	60	通年	☎0265・98・2047　小松武茂	
橋本山荘	40	通年	☎0265・98・2548　井出夏吉	
丹渓荘	40	通年	☎0265・98・2523　上島四朗	
丹渓山荘	100	年末年始 5月連休	☎0265・98・2523　上島四朗	
大平山荘	100	6～11、5月連休 年末年始	☎0265・78・3761　竹澤信幸	
長衛荘	150	4/29～11/15 年末年始	☎0265・98・2211　長谷村開発公社	☎0265・78・4291
北沢長衛小屋	150	6/15～11/15 年末年始	☎0265・72・2897　竹沢長衛	6月は要連絡
仙水小屋	30	通年	☎0552・76・6293　矢葺敬造	
馬ノ背ヒュッテ	80	7/15～10/10	☎0265・98・2523　上島恵理雄	
藪沢小屋	30	7/中～8/下	☎0265・98・2211　長谷村役場商工観光課	
駒ガ岳七丈小屋 第1、第2	100	7/上～10/中 第2は通年開放	☎0552・76・6293　矢葺敬造	
甲斐駒五合目小屋	40	7/中～10/中	☎0551・35・3993　古屋義成	
穴山温泉能見小屋	35	通年	☎0551・25・5011　伊藤鈴子	
御座石温泉	300	通年	☎0551・27・2018　細田秀子	
青木鉱泉	100	4/中～11/末	☎0422・51・2313　堤　宏	☎0551・25・2924
鳳凰小屋	700	4/末～11/下	☎0552・27・2018　細田倖市	
早川尾根小屋	30	7/上～10/中	☎0552・76・6293　矢葺敬造	
南御室小屋	100	4/28～11/26 年末年始	☎0551・22・6682　小林　賢	
薬師岳小屋	100	4/28～11/26 年末年始	☎0551・22・6682　小林　賢	
夜叉神峠小屋	30	4/上～1/中	☎0552・88・2402　角田英司	
夜叉神ノ森	30	4～11 年末年始	☎0552・88・2043　岩下幸司	
桃ノ木温泉桃栄館	100	通年	☎0552・88・2010	
芦安温泉岩園館	130	通年	☎0552・88・2005　小林九八	
北岳荘	50	通年	☎0552・88・2118　望月長徳	
◆避難小屋				
池山小屋	30	通年	☎0552・88・2111　芦安村役場観光係	
仙丈避難小屋	30	通年	☎0265・98・2211　長谷村役場商工観光課	
松峰小屋	20	通年	☎0265・98・2211　長谷村役場商工観光課	
五合目屛風小屋	50	通年	☎0551・35・2050　今橋幸雄	

●山岳診療所

所　在　地	派遣団体	開設期間
北岳山荘内	昭和大学医学部	7月下旬～8月20日

●交通機関問合わせ先

名　　称	電　　話	名　　称	電　　話
山梨交通KK	☎0552・37・0131	合同タクシー	☎0552・22・5151
芦安村営バス	☎0552・88・2111	身延タクシー	☎05566・2・1145
JRバス関東伊那支店	☎0265・73・7171	甲斐タクシー	☎0551・22・0255
長谷村営バス	☎0265・98・2211	旭タクシー	☎0551・26・2624
伊那バス	☎0265・72・5111	伊那タクシー	☎0265・76・5111
		芦安観光タクシー	☎0552・88・2503

●山麓の観光情報・宿泊施設問合わせ先

名　　称	電　　話
早川町役場	☎0556・45・2511
大鹿村役場	☎0265・39・2001
長谷村役場	☎0265・98・2211
伊那市役所	☎0265・78・4111
白州町役場	☎0551・35・2121
韮崎市役所	☎0551・22・1111
芦安村役場	☎0552・88・2111

著者紹介

中西俊明（なかにし・としあき）

１９４５年千葉県九十九里町に生まれる。芝浦工業大学卒業後、大自然のすばらしさに感動して、自然が豊富に残る山々に目を向け、山岳写真を撮り始める。１９８０年には月刊誌『山と溪谷』の表紙撮影を１年間担当し、好評を得る。

１９８１年からは北岳、甲斐駒ガ岳を中心とする南アルプス北部、白馬岳、八ガ岳などを積極的に撮影し、大自然の厳しさだけではなく、微妙に変化する季節の移ろいを表現。山岳雑誌、カメラ雑誌に多数作品を発表している。現在、ソニー㈱に勤務。

著書に『日本の名峰⑯／北岳・甲斐駒・塩見』『山岳写真選集④／白馬岳』『同⑭／北岳』アルペンガイド『北岳・甲斐駒・仙丈』（以上山と溪谷社）、『南アルプス』（時事通信社）、岳人カラーガイド『北八ケ岳・南八ケ岳』『南アルプス北部』、ムック版『北岳・仙丈・甲斐駒』（以上東京新聞出版局）。ほかにガイドブック、写真集の共著多数がある。

著者（後列左）とスタッフ。北岳山頂にて

●編集スタッフ —— 山本鷹仁
編集工房ウォーク
皆方久美子
●デザイン —— 渡辺光（I・D・G）
佐々木彰
●図版 —— ㈱日本地形プロ
㈱千秋社
●モデル —— 加藤智美
藤本充子
●取材協力 —— ＩＣＩ石井スポーツ
収録山域の各山小屋

山小屋の主人《オヤジ》がガイドする北岳を歩く

一九九三年七月一日　初版第一刷
一九九五年五月一日　改訂版三刷

著者　中西俊明
発行者　川崎吉光
発行所　株式会社　山と溪谷社
〒105　東京都港区芝大門一―一―三三
電話・東京（〇三）三四三六―四〇四六（山岳図書編集部）
（〇三）三四三六―四〇五五（営業部）
振替＝〇〇一八〇―六―六〇二四九
印刷所　図書印刷株式会社
製本所　株式会社　明光社

●定価はカバーに表示してあります
ISBN4-635-17066-7